经济学理论与市场营销发展研究

唐代芬 孙跃森 李海英◎著

北京燕山出版社

BEIJING YANSHAN PRESS

图书在版编目（CIP）数据

经济学理论与市场营销发展研究 / 唐代芬，孙跃森，李海英著. -- 北京 : 北京燕山出版社，2023.5
ISBN 978-7-5402-6921-0

Ⅰ．①经… Ⅱ．①唐… ②孙… ③李… Ⅲ．①市场营销－研究－中国 Ⅳ．①F723

中国国家版本馆 CIP 数据核字(2023)第 080991 号

经济学理论与市场营销发展研究

作　　者	唐代芬　孙跃森　李海英
责任编辑	满　懿
出版发行	北京燕山出版社有限公司
社　　址	北京市西城区椿树街道琉璃厂西街20号
电　　话	010-65240430
邮　　编	100052
印　　刷	北京四海锦诚印刷技术有限公司
开　　本	787mm×1092mm　1/16
字　　数	233千字
印　　张	13.75
版　　次	2023 年 5 月第 1 版
印　　次	2023 年 5 月第 1 次印刷
定　　价	72.00 元

作者简介

唐代芬，女，出生于 1983 年 2 月，籍贯为重庆。硕士研究生学历，副教授职称。毕业于重庆大学，现任职于重庆建筑科技职业学院。主要研究方向为市场营销和心理学。

孙跃森，男，管理学学士，现就职于北京中铁建工物资有限公司（中铁建设集团物资公司），毕业以来在公司从事过供应事业部经理、分管物流板块副经理、分管经济管理副经理、分管内控管理副经理、分管营销管理副经理等职，参与搭建起公司的经营网络、集采体系、风控体系、业务运营管理数字化系统。在物资集采、市场营销、企业合规化等方面有丰富的管理经验。

李海英，女，出生于 1975 年 12 月，籍贯为山东济阳。本科学历，经济师职称。毕业于山东干部函授大学，现任职于国家税务总局济南市济阳区税务局，政协济阳区第十届、第十一届委员会常务委员。主要研究方向为财政与税收。曾获济阳县巾帼建功先进个人、济阳县五一劳动奖章、国家税务总局济南市税务局三等功，济阳区优秀政协委员等荣誉。

前　言

　　经济学的主要内容是研究人们如何进行抉择，以便使用稀缺的生产资源来生产各种产品和服务，并把它们分配给不同的社会成员以供消费。消费的满足要以形式、时间、地点和占有等经济效用为前提，而市场营销可以提供这些效用中的大部分内容，很明显，市场营销是一种经济活动，而且还是比较重要的经济活动。经济学为市场营销学提供了许多概念和理论，为市场营销学的发展奠定了理论基石。市场营销学与经济学的结合更加紧密并形成了一些交叉的学科，如消费经济学、零售经济学和市场营销经济学等。随着经济新理论和新分析工具的出现，经济学将进一步促进市场营销学的发展。

　　随着我国的市场经济不断发展，市场营销行业的发展速度也随之提高。市场营销行业的兴盛，在一定程度上对于经济的进一步增长起到了促进的作用，受到了社会各界的广泛重视。市场营销的理论在不同的区域中都可以得到应用，但是在不同的领域中应用的方法和效果会有很大的区别。本书立足市场营销理论与经济学之间的融合来分析市场营销。首先以市场营销的基本内容为出发点，分析市场营销的环境、市场以及消费者的购买行为，然后从产品出发制定市场营销策略，以促进经济的快速运转与流动。本书也特别阐述了社会化媒体营销的应用和市场营销中的物流经济分析与控制。最后在营运资金管理、收入与分配管理上加以论述，经济的运行发展离不开财务的管理与实施。本书适合经济管理各专业本科生及高职高专学生教学需要，特别适合应用型本科院校学生使用，同时也可以作为广大企业营销管理人员专业培训的参考书籍。

　　本书在写作过程中，参阅了大量的国内外相关资料，引用了许多专家和学者的相关研究成果，在此表示感谢！由于编者的水平有限，书中难免会有不妥之处，敬请广大读者提出宝贵意见！

目 录

第一章　市场营销概论

第一节　市场和市场营销

一、市场及其相关概念

市场营销在一般意义上可理解为与市场有关的人类活动。因此，我们首先要了解市场及其相关概念。

在日常生活中，人们习惯将市场看作是买卖的场所，如集市、商场、纺织品批发市场等。这是一个时空（时间和空间）市场概念。

经济学家从揭示经济实质角度提出市场概念。市场是一个商品经济范畴，是商品内在矛盾的表现，是供求关系，是商品交换关系的总和，是通过交换反映出来的人与人之间的关系。市场是社会分工和商品生产的产物。市场是为完成商品形态变化，在商品所有者之间进行商品交换的总体表现。这是抽象市场概念。

管理学家则侧重从具体的交换活动及其运行规律去认识市场。在他们看来，市场是供需双方在共同认可的一定条件下所进行的商品或劳务的交换活动。广义的市场概念，包括生产者和消费者之间实现商品和劳务的潜在交换的任何一种活动。市场是由一切具有特定欲望和需求并且愿意和能够以交换来满足这些需求的潜在顾客所组成。由需求拥有他人所需要的资源，且愿意以这些资源交换其所需的人数而定。市场除了顾客一方，还要"再加上拥有可售商品和服务的企业"这另一方。不将买方和卖方放在一起，就不会有市场。从企业立场看，市场是外在的、无法控制的（尽管是可以影响的）；它是交换的场所和发展增值关系的场所。

可见，人们可以从不同角度界定市场。将上述市场概念做简单综合和引申，我们可以得到对市场较为完整的认识：

第一，市场是建立在社会分工和商品生产基础上的交换关系。这种交换关系是由一系列交易活动构成，并由商品交换规律（其基本规律是价值规律）所决定的，其实现过程是动态的、错综复杂的、充满挑战性和风险性的，但也是有规律的。

第二，现实市场的形成要有若干基本条件。这些条件包括：①消费者（用户）一方需要或欲望的存在，并拥有其可支配的交换资源；②存在由另一方提供的能够满足消费者（用户）需求的产品或服务；③要有促成交换双方达成交易的各种条件，如双方接受的价格、时间、空间、信息和服务方式等。

第三，市场是指某种产品的现实购买者与潜在购买者需求的总和。市场包含三个主要因素，即：有某种需要的人、为满足这种需要的购买能力和购买欲望。用公式来表示就是：

$$市场 = 人口 + 购买力 + 购买欲望$$

构成市场的这三个要素是相互制约、缺一不可的，只有三者结合起来才能构成现实的市场，才能决定市场的规模和容量。所以，市场是上述三个因素的统一。

第四，市场的发展是一个由消费者（买方）决定，而由生产者（卖方）推动的动态过程。在组成市场的双方中，买方需求是决定性的。

站在经营者角度，人们常常把卖方称之为行业，而将买方称之为市场。

在现实经济中，基于劳动分工的各特定商品生产者之间的各类交换活动，市场已形成复杂的相互联结的体系。

在现实经济中，基于劳动分工的各特定商品生产者之间的各类交换活动，市场已形成复杂的相互联结的体系。其中，生产者从资源市场（由原材料、劳动力、资金等市场组成）购买资源，转变为商品和服务后卖给中间商，中间商再出售给消费者。消费者出卖劳动力赚取金钱，再换取所需的产品或服务。政府是另一种市场，它为公众需要提供服务，对各市场征税，同时也从资源市场、生产者市场和中间商市场采购商品。

二、市场营销的含义

"市场营销"由英语中"marketing"一词翻译而来。其原意一是指市场上的买卖活动，二是指一门学科。

市场营销是计划和执行关于创意、商品和服务的观念、定价、促销和分销，以创造出符合个人和组织目标交换的一种过程。

市场营销是个人和群体通过创造并同他人交换产品和价值以满足需求和欲望的一种社会过程和管理过程。

企业界将各种市场营销定义分为三类：一是将市场营销看作是一种为消费者服务的理论；二是强调市场营销是对社会现象的一种认识；三是认为市场营销是通过销售渠道把生产企业同市场联系起来的过程。

根据这一分类，可以将市场营销概念具体归纳为下列要点：

①市场营销的最终目标是"满足需求和欲望"。

②"交换"是市场营销的核心，交换过程是一个主动、积极寻找机会，满足双方需求和欲望的社会过程和管理过程。

③交换过程能否顺利进行，取决于营销者创造的产品和价值满足顾客需求的程度和交换过程管理的水平。

市场营销的实质是在市场研究的基础上，以消费者的需求为中心，在适当的时间、适当的地点，以适当的价格、适当的方式，把适合消费者需要的产品和服务提供给消费者。

三、市场营销的核心概念

（一）需要、欲望和需求

需要和欲望是市场营销活动的起点。需要是指没有得到某些基本满足的感受状态，是人类与生俱来的。如人们为了生存对食品、衣服、住房、安全、归属、受人尊重等的需要。这些需要存在于人类自身生理和社会之中，市场营销者可用不同方式去满足它，但不能凭空创造。欲望是指想得到上述基本需要的具体满足品的愿望，是个人受不同文化及社会环境影响表现出来的对基本需要的特定追求。如为满足"解渴"的生理需要，人们可以选择（追求）喝白开水、茶、汽水、果汁、绿豆汤或者蒸馏水。市场营销者无法创造需要，但可以影响欲望，开发及销售特定的产品和服务来满足欲望。需求是指人们有能力购买并愿意购买某个具体产品的欲望。需求实际上也就是对某特定产品及服务的市场需求。市场营销者总是通过各种营销手段来影响需求，并根据对需求的预测结果决定是否进入某一产品（服务）市场的。

（二）产品

产品是指能够满足人的需要和欲望的任何东西。产品的价值不在于拥有它，而在于它给我们带来的对欲望的满足。人们购买小汽车不是为了观赏，而是为了得到它所提供的交通服务。产品实际上只是获得服务的载体。这种载体可以是物，也可以是"服务"，如人员、地点、活动、组织和观念。当我们心情烦闷时，为满足轻松解脱的需要，可以去参加音乐会，听歌手演唱（人员）；可以到风景区旅游（地点）；可以参加希望工程百万行（活动）；可以参加消费者假日俱乐部（组织）；也可以参加研讨会，接受一种不同的价值观（观念）。市场营销者必须清醒地认识到，其创造的产品不管形态如何，如果不能满足人们的需要和欲望，就必然会失败。

（三）效用、费用和满足

效用是消费者对产品满足其需要的整体能力的评价。消费者通常根据这种对产品价值的主观评价和要支付的费用来做出购买决定。如某人为解决其每天上班的交通需要，他会对可能满足这种需要的产品选择组合（如自行车、摩托车、汽车、出租车等）和他的需要组合（如速度、安全、方便、舒适和节约等）进行综合评价，以决定哪一种产品能提供最大的总满足。假如他主要对速度和舒适感兴趣，也许会考虑购买汽车。但是，汽车购买与使用的费用要比自行车高许多。若购买汽车，他必须放弃用其有限收入可购置的许多其他产品（服务）。因此，他将全面衡量产品的费用和效用，选择购买能使每一元钱花费带来最大效用的产品。

（四）交换、交易和关系

交换是指从他人处取得所需之物，而以其某种东西作为回报的行为。人们对满足需求或欲望之物的取得，可以通过各种方式，如自产自用、强取豪夺、乞讨和交换等方式。其中，只有交换方式才存在市场营销。要完成交换必须具备一定的条件（如买卖双方当事人、交换对象、交换价格、信息、交换条件和原则等）才能实现。交换是一种活动过程，交易则是买卖双方价值交换的事件，是交换的基本组成部分。交换是一种过程，在这个过程中如果双方达成一项协议，我们就称之为发生了交易。交易通常有两种方式：一是货币交易，如甲支付800元给商店而得到一台微波炉；二是非货币交易，包括以物易物、以服务易服务的交易等。一项交易通常要涉及几个方面：至少两件有价值的物品；双方同意的交易条件、时间、地点；有法律制度来维护和迫使交易双方执行承诺。

一些学者将建立在交易基础上的营销称之为交易营销。为使企业获得较交易营销所得到的更多，就需要关系营销。关系营销是市场营销者与顾客、分销商、经销商、供应商等建立、保持并加强合作关系，通过互利交换及共同履行诺言，使各方实现各自目的的营销方式。与顾客建立长期合作关系是关系营销的核心内容。与各方保持良好的关系要靠长期承诺和提供优质产品、良好服务和公平价格，以及加强经济、技术和社会各方面联系来实现。关系营销可以节约交易的时间和成本，使市场营销宗旨从追求每一笔交易利润最大化转向追求各方利益关系的最大化。

（五）市场营销与市场营销者

在交换双方中，如果一方比另一方更主动、更积极地寻求交换，我们就将前者称为市场营销者，后者称为潜在顾客。换句话说，所谓市场营销者，是指希望从别人那里取得资源并愿意以某种有价值的东西作为交换的人。市场营销者可以是卖方，也可以是买方。当买卖双方都表现积极时，我们就把双方都称为市场营销者，并将这种情况称为相互市场营销。

四、市场营销的功能

迄今为止，市场营销的主要应用领域是企业。

在市场经济体系中，企业存在的价值在于它能否有效地提供满足他人（顾客）需要的商品。顾客是企业得以生存的基础，企业的目的是创造顾客，任何组织若没有营销或营销只是其业务的一部分，则不能称之为企业。企业的基本职能只有两个：这就是市场营销和创新。这是因为：①企业作为交换体系中的一个成员，必须以对方（顾客）的存在为前提。没有顾客，就没有企业。②顾客决定企业的本质。只有顾客愿意花钱购买产品和服务，才能使企业资源变成财富。企业生产什么产品并不是最重要的，顾客对他们所购物品的感觉及价值判断才是最重要的。顾客的这些感觉、判断及购买行为，决定着企业的命运。③企业最显著、最独特的职能是市场营销。企业的其他职能，如生产管理、财务管理、人力资源管理，只有在实现市场营销目的的情况下，才是有意义的。因此，市场营销不仅以其创造产品或服务的市场而将企业与其他人类组织区分开来，而且不断促进企业将市场营销观念贯彻于每一个部门，将市场营销作为企业首要的核心职能。

基于以上分析，可以得出市场营销的主要功能包括：

（一）了解市场消费需求

市场营销活动总是从了解市场需求开始的。企业首先应当了解顾客需求的特点和消费需求复杂的趋向，才能生产出满足消费需求的商品或服务，才能创造市场需求。

（二）指导企业生产

市场经济条件下，企业必须实行以销定产。通过市场营销调研了解消费需求信息和市场竞争信息，可以对企业生产起指导作用。

（三）开拓销售市场

企业通过营销调查，选择既能满足消费者需要，又能发挥企业优势的产品，通过市场营销，加强促销宣传，采取恰当的营销策略，扩大产品销售，提高自身的市场份额。

（四）满足顾客需求

企业通过营销活动，建立合适的营销渠道，通过营销努力，做好销售前后的各种服务，充分满足消费者的需求。

第二节　市场营销观念的形成与发展

一、市场营销观念

市场营销观念也称市场营销管理哲学，是指企业对其营销活动及管理的基本指导思想。它是一种观念，一种态度，或一种企业思维方式。任何企业的营销管理都是在特定的指导思想或观念指导下进行的。确立正确的营销观念，对企业经营成败具有决定性意义。

市场营销观念的核心是正确处理企业、顾客和社会三者之间的利益关系。在许多情况下，这些利益是相互矛盾的，也是相辅相成的。企业必须在全面分析的基础上，正确处理三者关系，确定自己的原则和基本取向，并用于指导营销实践，才能有效地实现企业目标，保证企业的成功。

二、市场营销观念的发展

随着商品交换日益向深度和广度发展，经营观念也不断地演变和充实。纵观企业经营观念发展演变的历史，大致经历了生产观念、产品观念、推销观念、市场营销观念、生态营销观念、社会市场营销观念和大市场营销观念七个阶段。其中，前两种观念统称传统

（旧）营销观念，后五种称新市场营销观念。

（一）生产观念

生产观念是一种最古老的营销管理观念。生产观念认为，消费者总是喜爱可以随处买到和价格低廉的产品，企业应当集中精力提高生产效率和扩大分销范围，增加产量，降低成本。以生产观念指导营销管理活动的企业，称为生产导向企业，其典型表现是我们生产什么，就卖什么。

（二）产品观念

产品观念认为消费者喜欢高质量、多功能和具有某些特色的产品。因此，企业管理的中心是致力于生产优质产品，并不断精益求精。

持产品观念的公司假设购买者欣赏精心制作的产品，相信他们能鉴别产品的质量和功能，并愿意出较高价格购买质量上乘的产品。这些公司的经理人员常迷恋自己的产品，而不太关注市场是否欢迎。他们在设计产品时只依赖工程技术人员而极少让消费者介入。

产品观念和生产观念几乎在同一时期流行。与生产观念一样，也是典型的"以产定销"观念。由于过分重视产品而忽视顾客需求，这两种观念最终将导致"营销近视症"。

（三）推销观念

推销观念又称销售观念，认为消费者通常有一种购买惰性或抗衡心理，若听任自然，消费者就不会大量购买本企业的产品，因而企业管理的中心是积极推销和大力促销。执行推销观念的企业，称为推销导向企业，其表现往往是我们卖什么，就让人们买什么。

在推销观念指导下，企业相信产品是"卖出去的"，而不是"被买去的"。他们致力于产品的推广和广告活动，以求说服、甚至强制消费者购买。他们收罗了大批推销专家，做大量广告宣传，夸大产品的"好处"，对消费者进行无孔不入的促销信息"轰炸"，迫使人们不得不购买。

与前两种观念一样，推销观念也是建立在以企业为中心，"以产定销"，而不是满足消费者真正需要的基础上的。

（四）市场营销观念

市场营销观念形成于 20 世纪 50 年代。要实现企业目标，关键取决于目标市场的需求或欲求，并且比竞争者更有效地满足消费者的要求。以市场为中心，以顾客为导向，协调"市场营销，强调赢利"。此观念有许多生动的说法，如"找出需求并满足之""顾客就是上帝""制造能够销售出去的东西，而不是销售制造出来的东西"等。在市场营销观念下企业的中心任务是：搞好市场调研，通过产品开发、市场开发满足消费者需求。

（五）生态营销观念

20 世纪 50 年代，一些企业片面强调或迎合消费者的需求，而不顾自身条件，结果生产出来的商品因质量问题，反而无法满足消费者需要。因此，人们开始强调企业要同其外部环境相适应，既要满足消费者需要，又要发挥企业的优势，使两者紧密结合在一起。在生态营销观念下企业的中心任务是：注重研究企业优势与市场需求相整合。

（六）社会市场营销观念

社会市场营销观念是对市场营销观念的修改和补充。社会市场营销观念认为，企业的任务是确定各个目标市场的需要、欲望和利益，并以保护或提高消费者和社会福利的方式，比竞争者更有效、更有利地向目标市场提供能够满足其需要、欲望和利益的物品或服务。社会市场营销观念要求市场营销者在制定市场营销政策时，要统筹兼顾三方面的利益，即企业利润、消费者需要的满足和社会利益。社会市场营销观念出现在 20 世纪 70 年代。

（七）大市场营销观念

20 世纪 70 年代末，企业的经营环境发生了急剧变化：跨国公司得到很大发展，企业竞争已跨越国界涉及全球；世界各国贸易保护主义日益盛行，政府干预加强。在这种形势下，很多企业意识到，要有效开拓市场，必须重新调整自己的营销观念，不能消极被动地顺从和适应外部经营环境，而应促使外部环境朝企业有利的方面转化，并在一定程度上予以控制。大市场营销观念提出企业为了成功地进入特定市场或者在特定市场经营，在策略上必须协调地使用经济、心理、政治和公共关系等手段，以取得政府、公众、社区的合作。与以前的营销观念相比，大市场营销观念具有两个突出特点：一是十分重视企业与外部各方面的关系，以排除来自人为的障碍；二是提出了变被动为主动的营销思想，使企业营销具有更多的主动性和灵活性。

第三节　市场营销管理的任务与过程

一、市场营销管理的任务

市场营销管理的任务会随着目标市场的不同需求状况而有所不同。企业通常都会对目标市场设定一个预期交易水平，即"预期的需求水平"。然而，期望往往与现实不一致：实际需求水平可能低于或高于期望。营销者必须善于应付各种不同的需求状况，调整相应的营销管理任务。

根据需求水平、时间和性质的不同，可归纳出以下几种不同的需求状况，在不同的需求状况下，市场营销管理的任务有所不同。

（一）负需求

负需求是指全部或大部分顾客对某种产品或劳务不仅不喜欢，没有需求，甚至有厌恶情绪。在此情况下，市场营销的任务是分析市场为何不喜欢这种产品，研究如何经由产品再设计、改变产品的性能或功能、降低价格和正面促销的市场营销方案来改变市场的看法和态度，即扭转人们的抵制态度，实行扭转性营销措施，使负需求变为正需求。

（二）无需求

无需求是指目标市场对产品毫无兴趣或漠不关心的需求状况。如对某些陌生的新产品，与消费者传统观念、习惯相抵触的产品，被认为无价值的废旧物资等。面对无需求市场，营销管理的任务是刺激市场营销，设法把产品的好处和人的自然需要、兴趣联系起来。

（三）潜伏需求

潜伏需求是指现有产品或劳务尚不能满足的、隐而不现的需求状况。在潜伏需求情况下，营销管理的任务是开发市场营销，将潜伏需求变为现实需求。

（四）下降需求

下降需求是指市场对一个或几个产品的需求呈下降趋势的情况。营销管理者的任务是重振市场营销，扭转需求下降的趋势。要分析需求衰退的原因，决定能否通过开辟新的目标市场、改变产品特色，或采用更有效的促销手段来重新刺激需求，扭转其下降趋势。

（五）不规则需求

不规则需求是指市场对某些产品（服务）的需求在不同季节、不同日期，甚至一天的不同时刻呈现出很大波动的状况。如对旅游宾馆、公园、公共汽车、博物馆等的服务需求，就是不规则需求。市场营销管理的任务是协调市场营销，通过灵活定价、大力促销及其他刺激手段来改变需求的时间模式，努力使供、需在时间上协调一致。

（六）充分需求

充分需求是指某种产品或服务的需求水平和时间与预期相一致的需求状况。这时，营销管理的任务是维持市场营销，密切注视消费者偏好的变化和竞争状况，经常测量顾客满意程度，不断提高产品质量，设法保持现有的需求水平。

（七）过量需求

过量需求是指某产品（服务）的市场需求超过企业所能供给或愿意供给水平的需求状况。在过量需求的情况下，营销管理的任务是降低市场营销，即通过提高价格，合理分销产品，减少服务和促销等手段，暂时或永久地降低市场需求水平。

二、市场营销管理的过程

市场营销管理的过程是企业为实现企业任务和目标而发现、分析、选择和利用市场机会的过程。它包括如下步骤：分析营销机会、设计营销战略、选择目标市场、制定营销组合策略、营销整合的实施等。学习和应用市场营销知识的实质是把握市场营销思想的精髓，按照市场营销过程去开展营销运作。因此，市场营销过程是市场营销学内容体系和结构安排的主要依据。

（一）分析营销机会

正确的营销指导思想是在满足顾客需求基础上取得利润的。既然如此，就要分析需求、分析市场。营销机会分析包括建立市场营销信息系统、环境分析、市场分析等内容。

1. 建立市场营销信息系统

市场营销信息系统是由人、设备和程序所构成的持续与相互作用的机构，由内部报告系统、市场营销情报系统、市场营销研究系统、市场营销决策支持系统等四个子系统构成，任务是收集、区分、分析、评估和分配那些适用、及时而准确的信息，以供市场营销决策者用来制订和改善市场营销计划。

2. 环境分析

企业总是运行在不断变化的社会环境之中，营销人员应当采取适当措施监视和预测环境变化，识别机会和威胁，趋利避害地制定正确的市场营销决策。市场营销环境指影响企业市场营销活动的不可控制的参与者和影响力。参与者由企业、供应商、中间商、顾客、竞争者和公众构成。影响力指影响市场环境参与者的各种社会力量，如人口环境、经济环境、自然环境、技术环境、政治法律环境和社会文化环境等。

3. 市场分析

按照顾客购买用途的不同，企业的市场可分为消费者市场和组织市场两大类。

第一，消费者市场指由购买产品或服务供自己消费或赠送他人的人或家庭所构成的市场。

第二，组织市场指由企业或某种团体机构所构成的市场。包括工业市场、中间商市场、政府市场和非营利组织市场。工业市场由购买产品和服务用于进一步加工或制造产品和服务以供出售或租赁的个人和组织构成，包括工业、农业、林业、渔业、采矿业、建筑业、运输业、邮电通信业、金融业、保险业和公用事业等。中间商市场指购买商品用于销售或租赁给他人以获取利润的单位和个人，分为批发商和零售商两类。政府市场指为了执行政府职能而购买或租赁产品的各级政府。非营利组织市场也可称为非营利市场，指由非营利组织所构成的市场。非营利组织指不以营利为目的的各种组织，如公立学校、医院、疗养院、博物馆、图书馆、监狱等。

（二）设计营销战略

营销机会分析为企业制定营销战略提供依据。营销战略是企业在营销活动系统中根据企业内部条件和外部市场机会和限制因素，在企业发展目标、业务范围、竞争方式和资源分配等关系全局的重大问题上采取的决策，是企业的选择目标市场和制定营销组合策略的指导。营销战略的内容包括以下几个方面：

1. 明确企业的任务或目的

何为企业的任务或目的？比如，本公司的业务是什么？本公司的顾客是谁？本公司能为顾客提供什么价值？本公司的未来业务是什么？

2. 制定企业市场营销战略目标

目标是企业任务或目的的具体化。市场营销战略目标通常包括社会贡献目标、企业发展目标、经济效益目标等。

3. 确定战略性业务单位

一个企业并不仅仅经营一项业务，当它为不同的顾客生产经营各类不同的产品时，就形成了多项不同的业务。公司在制定经营战略时要分清自己的各项业务，把每项业务作为一个战略单位来管理。

4. 评估目前的业务投资组合

采用科学的方法对公司目前的各项业务进行分析和评价，以便决定哪些业务应当发展，哪些应维持，哪些应缩减或淘汰，把有限的资源和资金用到效益最好的业务上。

5. 确定企业的新业务计划

在公司的业务投资组合计划中，有些效益低下的业务要淘汰。这就要求公司发展新业务以代替旧业务，当现有业务投资组合计划中的销售额和利润达不到公司预期水平时，必须发展一些新业务来弥补这一差距。公司的新业务发展计划有密集式发展、整体式发展和多元化发展三种。

企业划分了战略业务单位并明确了发展方向以后，就要研究和选择目标市场。目标市场是企业决定进入的市场。或者说是企业决定为之服务的顾客群体。市场需求是复杂多变的，企业不可能全都满足。只有在深刻了解市场需求的基础上，把市场分为不同类型，结合企业自身资源和市场环境条件确定目标市场，才能充分发挥企业优势，增强竞争能力，在充分满足目标市场需求的条件下获得最大限度利润。目标市场选择包括市场细分方法、市场细分依据、目标市场策略类型、市场定位策略和影响目标市场策略选择的因素等。

（三）选择目标市场

企业划分了战略业务单位并明确了发展方向后，就要研究和选择目标市场。目标市场是企业决定要进入的市场，或者说，是企业决定为之服务的顾客群体。市场需求是复杂多变的，企业不可能全部满足。只有在深刻了解市场需求的基础上把市场分为不同类型，结合企业自身资源和市场环境条件确定目标市场，才能充分发挥企业优势，增强竞争能力，在充分满足目标市场需求的条件下获得最大限度利润。目标市场选择包括市场细分方法、市场细分依据、目标市场策略类型、市场定位策略和影响目标市场策略选择的因素等。

（四） 制定营销整合策略

1．营销因素

企业确定了目标市场以后，必须运用一切能够运用的因素去占领它。市场营销医素是企业在市场营销活动中可以控制的因素，分为产品（product）因素、价格（price）因素、分销渠道（place）因素、促进销售（简称促销 promotion）因素等四大类。由于四类因素英文单词的开头字母都是 P，所以简称 4P。

这种把市场营销因素分为四大类的方法称为麦卡锡分类法，是目前市场营销学中通用的分类法，完整地、科学地概括了所有营销因素的内容，同时便于记忆。

2．营销整合

营销整合指企业为满足目标市场顾客的需要，对产品、价格、渠道、促销等可控营销因素的综合运用，使他们协调配合发生作用，实现企业战略目标。企业通过有效的市场营销整合来吸引顾客，赢得竞争。

应该说明的是，营销整合绝不是对上述的营销因素的简单叠加和重复，而是通过科学的调配，使它们相互影响、相互作用，达到 1+1>2 的作用，收到最大的经济效果。

营销整合有以下特点：

（1）可控性

企业可以根据灵活搭配组合的原则，对市场营销整合加以控制，以取得最佳效益。

（2）复合性

营销因素是 4P 的组合，每一个 P 又包含许多次因素，形成一个次组合，营销因素就由许多次组合复合而成。为便于说明问题，从每一个 P 中选择几个次因素组成各个 P 的次组合。

营销整合的概念强调将市场营销中各种要素组合起来的重要性，但更强调各种要素之间的关联性，要求它们成为统一的有机体。在此基础上，市场营销更要求各种要素的作用力统一方向，形成合力，共同为企业的营销目标服务。

（3）统一性

营销整合中的各因素必须协调统一、紧密配合，为实现企业利润服务。在以生产为中心的旧观念下，企业的各个职能部门都从自己的业务出发，强调各自的重要性并独立开展活动。例如，生产部门负责人只考虑如何降低生产成本、提高质量；采购部门只考虑如何节约开支；销售部门只考虑如何以高价销售商品。虽然各职能部门力求实现自己的目标，但是企业不能从整体上考虑满足消费需求和开展竞争。而在现代营销观念下，企业的市场营销部门负责引导和协调各部门的活动，通过完善营销体系和利用营销整合保证营销活动的有效性。

三、营销整合的实施

营销整合的实施是将营销计划转化为行动和任务的部署过程，在这一过程中整合的思想须贯穿始终。实施的成功与否，管理人员所具备的营销贯彻能力、营销诊断能力、问题评估能力、结果评价能力至为关键。在营销整合实施中，涉及资源、人员、组织与管理等方面。

（一）资源的最佳配置

实现资源的最佳配置，既要利用内部资源运用主体的竞争，力求实现资源使用的最佳效益；又要利用最高管理层和各职能部门，组织资源共享，避免资源浪费。

（二）人员的选择、激励

人员是实现营销整合目标的最能动、最活跃的因素，要组成有较高的能力和综合素质的非长期团队小组，保证圆满完成分目标，通过激励措施不断增强人员信心，调动积极性，促使创造性变革产生。

（三）学习型组织

营销整合团队具有动态性特点，而组织又要求具有稳定性。要建立组织中人们所持有的意愿，保持个人与团队目标和企业目标的高度一致。并强化团队学习，创造出比个人能力总和更高的团队，形成开放思维，实现自我超越。

（四）监督管理机制

高层管理务求使各种监管目标内在化，如通过共同意愿培养各成员、各团队自觉服务精神，通过激励培养塑造企业文化，通过团队中人员、职能设置强化团队自我管理能力。团队自身也承担了原有监管应承担的大量工作，在高层的终端控制下，自觉为实现企业营销目标努力协调工作。

第二章 市场营销的分析与调研

第一节 市场营销环境分析

一、市场营销环境概述

（一）市场营销环境的含义

环境最通俗的概念是指周围的情况和条件。将其进行科学抽象，就是泛指影响某一事物生存和发展的力量总和。市场营销环境由影响市场营销管理者与其目标客户建立和维持牢固关系的能力的所有外部行为者和力量构成，是存在于企业营销系统外部的不可控制或难以控制的因素和力量。

任何一个企业都是在一定的环境下进行生产和经营活动的，因此不可避免地要受到市场营销环境的影响。随着我国社会经济的不断发展、国际地位的不断提高，企业的市场营销环境也日趋复杂。企业的发展要以环境为依据，主动地去适应环境，了解和掌握环境发展趋势，从而针对不同的环境制定相应的营销对策，自觉利用市场机会，努力规避市场风险，扬长避短，才能够在竞争中拔得头筹。

企业受市场营销环境的影响，首先，因为企业是一个由一系列相互作用、相互关联的因素组成的统一整体，是由不同职能部门或工作群体组成的系统。典型的职能部门有研发部门、生产部门、营销部门、财务部门等。从营销部门的角度来看，其他部门的活动和行为，都将影响到营销部门的工作。其次，企业是一个受到各种外界因素影响的开放系统。以开设一家餐厅为例，它将受到一系列外部因素的影响，包括厨师、服务员的招聘，其他餐厅的竞争，周边人流量的多少，菜品的供应质量等。一个企业如果不重视这些外部因素的研究和分析，就不能适应市场环境，从而被市场淘汰。所以，企业必须注重对市场营销环境的研究。

（二）市场营销环境的分类

市场营销环境的内容既广泛又复杂，可以根据不同的标志进行分类，例如，根据控制性难易，可以分为企业可控制因素和不可控制因素；根据环境性质，可以分为自然环境和文化环境。最普遍的分类是将环境划分为微观环境和宏观环境的方法。

微观环境是指由企业本身市场营销活动所引起的与企业市场紧密相关、直接影响其市场营销能力的各种行为者，包括企业（内部其他部门）、供应商、营销中介、竞争者、公众和顾客。

宏观环境是指影响企业微观环境的各种因素和力量的总和，包括人口环境、经济环境、自然环境、政治法律环境、科学技术环境和社会文化环境。

微观环境和宏观环境共同构成多因素、多层次、多变化的企业市场营销环境的综合体。

（三）市场营销环境的特征

1. 多变性和相对稳定性的统一

构成企业市场营销环境的因素都会随着社会经济的发展而不断变化，只是这些变化有快慢强弱之分。一般来讲，经济、政治法律、科学技术因素的变化比较快速和强烈一些，而自然、人口和社会文化因素的变化相对缓慢和微弱一些。对于变化快的因素，企业要及时调整适应；对于变化慢的因素，企业要做好分析预测工作。无论这些因素变化快慢，它们对企业市场营销的影响都具有较长期的稳定性。市场营销环境相对稳定的特点使企业对调查和预测其变化并采取相应对策提供了可能。

2. 差异性和同一性的统一

市场营销环境的差异性不仅表现在不同企业受不同环境的影响，并且同样一种环境因素的变化对不同企业的影响也不相同。市场营销环境的同一性表现为在同一国家或同一行业中，企业所面对的市场营销环境又有其共同性。

3. 关联性和相对分离性的统一

影响企业的市场营销环境不是由某一个单一因素决定的，而是受到一系列相关联因素的影响。然而，在某一特定时期，市场营销环境中的某些因素，又彼此分离，而且这些因素对企业的市场营销活动的影响程度各不相同，可以单独进行考查。

4. 不可控性和能动性的统一

市场营销环境的多变性决定了其不可控性的特点。这一特点要求企业不断适应变化着的市场营销环境。企业对其市场营销环境的适应，不仅仅是一种被动的适应，它也可以充分发挥其应有的主观能动性。企业可以在变化的市场营销环境中寻找新机会，主动调整市场营销战略，并可能在一定条件下转变市场营销环境中的某些可能被改变的因素，从而冲破市场营销环境的某些制约。

二、微观市场营销环境

微观市场营销环境是指由企业本身市场营销活动所引起的与企业市场紧密相关、直接影响其市场营销能力的各种行为者，包括企业（内部其他部门）、供应商、营销中介和顾客。这些因素联合在一起组成了企业的价值网络，企业营销活动要取得成功，必须与这些因素建立关系。

（一）企业

企业的营销活动能否成功，首先受到企业内部各种因素的直接影响，因此，在分析给企业带来影响的外部因素前，应该先分析企业内部的条件。

企业为开展市场营销活动，必须设立某种形式的营销部门。营销部门不是独立存在的，应当兼顾企业内部的其他群体，例如，高层管理者、研发部门、采购部门、生产部门、运营部门、财务部门等。所有这些彼此关联的群体构成了内部环境。高层管理者确定了公司的使命、目标、总体战略和政策，市场营销部门在高层管理者决定的战略和计划内制定决策。

市场营销部门与其他部门之间既有多方面的合作，也存在争取资源方面的矛盾，因此需要考虑和协调。市场营销人员必须与其他部门紧密合作，共同负责理解顾客的需求和创造顾客价值。

（二）供应商

供应商是公司整个顾客价值递送系统中的重要一环。供应商是指向企业及其竞争者提供生产经营所需资源的公司和个人。供应商对企业资源供应的可靠性、供应的价格及其变动趋势以及供应资源的质量水平，都将直接影响到企业产品的生产、成本和质量。根据不同供应商所供货物在营销活动中的重要性，企业可按资信状况、产品和服务的质量与价格等进行等级归类，合理协调、抓住重点、兼顾一般，并且关注供应商的稳定性。为了减少供应商对企业的影响和制约，必须尽可能地联系多个供应商，避免过于依赖单一的供应商。大多数企业都重视与供应商之间建立良好的合作关系。

（三）营销中介

营销中介是帮助企业促销、销售和分销产品给最终购买者的组织或个人，包括中间商、物流公司、营销服务机构和金融机构。这些都是市场营销不可缺少的环节，大多企业的营销活动都必须通过它们的协调才能顺利进行。例如，企业生产集中与需求分散的矛盾，就需要通过中间商的分销来解决；企业资金周转不灵，就需要求助于银行和信托机构。随着市场经济的不断发展和完善，社会分工越来越细，这些营销中介的影响也越来越大。因此，企业在市场营销过程中，必须重视营销中介对营销活动的影响，处理好与它们的合作关系。

1. 中间商

中间商是帮助企业寻找顾客或者完成销售的分销渠道企业。它包括商人中间商和代理中间商。商人中间商需要购进商品，拥有商品所有权，主要有批发商和零售商。代理中间商专门招揽顾客或与顾客商议交易合同，没有商品所有权，包括代理商、经纪人和生产商代表。

企业为什么利用中间商而不是直接销售给消费者呢？这是因为中间商能够以比较低的成本完成销售职能。中间商可以在顾客所在地存储产品，方便展示并缩短交货期。因此，大多数企业必须借助中间商完成销售。

企业选择中间商并与之合作也并非易事。制造商不再能够从大量小型中间商中挑拣拣，它们现在面对的是不断增长的大型中间商，例如，沃尔玛等大型超市，这些中间商常常有足够的能力对制造商进行选择，甚至将小型制造商拒之门外。

2. 物流公司

物流公司帮助企业储存和运送商品到销售目的地，包括包装、运输、仓储、装卸、搬运、库存控制和订单处理等。例如，仓储是在商品运往下一个目的地之前，为商品提供存放和保护的空间；运输公司负责将商品由一个地点运送至另一个地点，包括铁路、公路、海路、航空运输等。这些物流公司的基本功能是调节生产与消费之间的矛盾，弥合产销时空上的背离。企业选择物流公司，必须从成本、运输速度、安全性、交货便利性等方面综合考虑，确定最佳的存储和运输方式。

3. 营销服务机构

营销服务机构是指帮助公司选择恰当的目标市场并促销产品的机构，包括市场调研公司、广告公司、媒体公司以及营销咨询公司等。很多大型企业有自己的营销服务部门，例如，广告部、调研部，也有很多公司委托专业的外部营销服务机构来代理有关业务。如果决定利用这些营销服务机构，一定要慎重选择，因为这些公司在创意、品质、服务和价格等方面都存在很大差异。企业应该审慎地进行评估和比较，选择最合适的机构。在合作过程中也可以通过定期考核的方式促进它们的服务水平。

4. 金融机构

金融机构是帮助企业融资或抵御与交易相关联的风险的机构，包括银行、信贷公司、保险公司等。金融机构虽然不直接参与商业活动，但是对企业的发展至关重要。例如资金成本的高低和信贷额度的大小都会影响营销的绩效。因此，企业必须与重要的金融机构建立良好的关系。

综上所述，营销中介与供应商类似，也是企业整体价值递送系统中的重要组成部分。为创建令人满意的顾客关系，公司不能仅仅优化自己的业绩，还必须与营销中介紧密合作。

（四）顾客

顾客就是企业的目标市场，是企业服务的对象，也是营销活动的出发点和落脚点。顾客是企业产品的直接购买者，企业的一切营销活动都应以满足顾客的需求为中心。因此，顾客是市场营销微观环境中最重要的行为者。企业对顾客的掌握程度，是企业营销成败的关键。

按照顾客的购买动机，我们可以把顾客市场分为五种类型：①消费者市场，指购买产品和服务供自己消费的个人和家庭所构成的市场；②生产者市场，指为进一步加工或在生产过程中使用而购买的所需要的产品及服务的组织所构成的市场；③中间商市场，指为转售谋利而购买商品及服务的中间商所构成的市场；④政府市场，指为提供公共服务或者转赠需要者而购买产品和服务的政府机构所构成的市场；⑤国际市场，指国外购买者所构成的市场。每一种市场类型都有自己的独特之处，要求营销人员仔细研究。

三、宏观市场营销环境

企业和微观环境中的其他所有行为者都是在一个更大的宏观环境中活动的。宏观环境是指会给企业经营活动造成市场机会或威胁的主要社会力量，包括经济环境、政治法律环境、社会文化环境。一切营销组织都处于这些宏观环境之中，不可避免地受到其影响和制约。企业只有不断加强对其的认识、研究和分析，确立适应环境的对策，才能使企业不断发展壮大。

（一）经济环境

影响企业市场营销活动的经济环境是指企业与外部环境的经济联系。市场由具有购买能力的人口构成，而社会购买力受到宏观经济的制约，是经济环境的反映，取决于收入、支出、储蓄及信贷等情况。营销人员的各种营销活动都以经济环境为背景，能否适时地依据经济环境进行市场决策，是营销活动成败的关键。下面分析经济环境中最重要的几个因素：

1. 收入与支出

（1）收入

消费者收入的高低，直接影响购买力的大小，从而决定了市场容量和消费者支出的模式。在研究消费者收入对需求的影响时，常使用以下指标：

第一，人均国内生产总值。国内生产总值 GDP 是一个国家或地区的所有常驻单位在一定时期内（如一年）按人口平均所生产的全部货物和服务的价值，超过同期投入的全部非固定资产货物和服务价值的差额。国家 GDP 总额反映了全国市场的总容量、总规模。人均 GDP 则从总体上影响和决定了消费结构与消费水平。

各国收入的水平与分配差异较大，而这与产业结构关系最为密切。通常，产业结构有四种类型：①自给自足型的经济，由于绝大多数产品自行消费，为营销人员提供的机会较少；②原材料出口经济，一个国家只是一种或几种资源较丰富，而其他方面匮乏，从而为营销人员创造了机会；③工业化进程中的国家，工业化进程中，产生了富裕的阶层和逐渐增加的中产阶层，他们所需要的一些新兴产品大多需要进口，为营销人员提供了机会；④工业化国家，庞大的制造业以及规模很大的中产阶级使这些国家成为所有产品的大市场。

第二，消费者个人收入。市场容量的大小，归根结底取决于消费者购买力的大小，消费者的需要能否得到满足，主要取决于其收入的大小。消费者个人收入是指消费者从各种来源所得的货币收入，通常包括个人工资、奖金、其他劳动收入、退休金、红利、馈赠、出租收入等。消费者个人可支配收入是指从个人收入中减除缴纳税收和其他经常性转移支出后所余下的实际收入，即能够作为个人消费或储蓄的数额。消费者可任意支配收入是指可支配的个人收入减去消费者用于购买生活必需品的固定支出（例如，维持个人和家庭的生活支出、房租、贷款等）后的收入。这是影响消费需求变化的最活跃的因素，特别是奢侈品的消费。

这里要特别指出，必须区分实际收入和名义收入（货币收入）的差别。由于实际收入和货币收入并不总是一致的，受到通货膨胀、失业、税收等因素的影响，有时货币收入虽然增加，但实际收入却可能下降。消费者在选购商品时精打细算，尽量节省开支；营销者则在广告中着重宣传其产品价廉物美的特点。

（2）支出

支出指消费者的支出模式和消费结构，消费者支出模式和消费结构是指消费者收入中用于衣、食、住、行、娱乐、教育、保健等支出的比例，它主要取决于消费者的收入水平。当家庭收入增加时，多种消费的比例会相应增加，但用于购买食物支出的比例将会下降，而用于服装、交通、保健、文娱、教育的开支及储蓄的比例将上升。这种趋势被称为"恩格尔定律"。所谓恩格尔系数，是指食品支出占总支出的比重。一般认为，恩格尔系数越大，生活水平越低；反之，恩格尔系数越小，生活水平越高。联合国根据恩格尔系数制定和评价国家或地区家庭贫富的标准。联合国粮农组织的标准：恩格尔系数在59%以上为赤贫，50%～59%为温饱，40%～49%为小康，40%以下为富裕，其中，20%以下为很富裕。

（3）消费者储蓄和信贷

消费支出受储蓄和信贷的直接影响。居民个人收入不可能全部都用掉，总有一部分以各种形式储蓄起来，这是一种推迟了的、潜在的购买力，一般是用来购买耐用品的。广义的个人储蓄包括银行存款、公债、股票和不动产等，这些都随时可转化为现实购买力。在正常情况下，银行储蓄与国民收入成正比，是相对稳定的，但是当通货膨胀、物价上涨时，消费者就会将储蓄变为现金，争购保值商品。这是消费者的一种自卫行为，是消费者对经济前景不信任的一种表现。

消费者信贷对购买力的影响也很大。美国消费者信贷在全世界最高，各种形式的赊销、分期付款业务十分发达，且增长迅速。由于它允许人们购买超过自己现实购买力（收入和储蓄）的商品，消费者信贷已成为美国经济增长的主要动力之一。这就创造了更多的就业机会、更多的收入以及更多的需求，从而也为营销人员创造了机会。我国为了促进商品经济的发展，消费者赊销、分期付款购车、购房等商业信贷也日益普及。

2. 市场状况

企业的市场营销活动还受到市场状况的影响。

（1）通货膨胀

在宏观经济环境中最令人关注的一个重要因素就是通货膨胀或经济衰退。在通货膨胀情况下，生产和购买产品、服务的成本会随着物价的上涨而迅速上涨。从市场营销的角度看，如果物价的上涨快于消费者收入的增长，消费者购买的商品数量就会减少。这种关系在许多商品的购买中都有明显的表现。企业必须注意通货膨胀走势及其影响，正确判断经济发展的趋势，避免决策失误。

（2）通货紧缩

通货紧缩也是宏观经济环境中最令人关心的因素之一。在通货紧缩的情况下，物价指数连续走低，市场销售全面疲软，商品普遍供大于求，产成品库存不断增多，资金资源占压严重，生产能力大量闲置，企业普遍开工不足，企业生产经营困难重重。这些都对企业市场营销活动做出了考验。

（3）商品供求因素

商品供求状况包含着可供总量的比例和品类以及规格结构的比例。例如，在一定的商品购买力条件下，某些商品供给充足程度的变化，会引起购买力在不同类商品或同类商品的不同品种之间的转移；供给商品的品种、质量、档次的差别也会引起消费者需求增减，并促使购买力转移。一般情况下，在市场上某种商品供过于求时，生产此种商品的企业所承受的压力就大；而在供不应求时，企业的生产量和销售量会相应增加。企业营销人员对经济因素的关注直接体现在对商品供求变化趋势的预测上。

（4）商品价格因素

价格是消费者最为敏感的因素之一，直接影响消费者的需求，因而也是市场营销活动中较为关注的因素。主要有以下两种情况：

①商品价格总水平发生升降变化，导致总的商品需求变化。商品需求同商品价格呈反方向运动。

②某种商品价格上升导致消费者将购买力转而投向其他同类商品或代用品，某种商品价格下降则会导致同类商品的购买力转向。

（二）政治法律环境

市场经济是法制经济，包括营销活动在内的所有企业行为必然受到政治与法律环境的约束。这种政治法律环境主要指国家政局、国家政治体制、经济管理体制以及相关的法令、法规、方针政策等与企业的运作存在着或多或少关联的要素。

1. 政治环境

政治环境指影响企业营销活动的外部政治形势。安定团结的政治局面不仅有利于经济的发展和人民收入的增加，而且影响消费心理状况，从而导致市场需求的变化。党和国家的方针政策，不仅规定了国民经济的发展方向和速度，也直接关系到社会购买力的提高和市场消费需求的变化。

对国际政治环境的分析，应了解"政治权利"与"政治冲突"对企业营销活动的影响。政治权利影响市场营销，往往表现为政府机构通过某种措施约束外来企业，例如，进口限制、外汇控制以及劳工限制、绿色壁垒等。政治冲突指国际上的重大事件与突发性事件，这类事件在和平与发展为主流的时代从未绝迹，对企业市场营销影响或大或小，有时带来机会，有时带来威胁。

2. 法律环境

法律环境指国家或地方政府的各项法规、法令和条例。它对市场消费需求的形成和实现，具有一定的调节作用。企业研究并熟悉法律环境既能保证自身严格依法管理和经营，也可运用法律手段保障自身的权益。

各个国家的社会制度不同，经济发展阶段和国情不同，体现统治阶级意志的法制也不同。从事国际营销的企业，必须对有关国家的法律制度和有关部门的国际法规、国际惯例和准则进行研究并在实践中遵循。

（三）社会文化环境

社会文化是人类在创造物质财富过程中所积累的精神财富的总和，它体现着一个国家或地区的社会文明程度。社会文化环境不像其他营销环境那样显而易见和易于理解，但它对消费者的市场需求和购买行为的影响却是强烈而持续的。

1. 价值观念

价值观念是指在某一社会环境下的大多数人对某一事物的普遍态度或看法。生活在不同环境下的人们大多价值观念是不同的。因此，企业营销的策略也应有所差别。我国人民重人情，消费偏重于大众化，这些典型东方人的传统风俗，必然对企业营销产生广泛的影响。

2. 民族传统

民族传统是指一个国家整个民族的文化传统与风俗习惯。例如，西方国家的人们以超前享受为消费主流，而我国人民长期形成了储蓄习惯，并注重商品的实用性能。企业营销时应考虑我国消费主流，同时还应考虑传统风俗的变化。在民族传统中，营销者要特别注重传统节日和传统禁忌，做到入乡随俗，以免给企业营销带来障碍。

3. 审美观

审美观是人们对自然、艺术、社会生活的审美标准、审美方式和审美习惯。在不同的文化环境下，人们对美有着不同的评价。人们在市场上挑选、购买商品的过程，实际上也就是一次审美活动。审美观对产品的设计、色彩、广告促销中的音乐、商标名称有着重大的影响。我国人民的审美观念随着物质水平的提高，发生了明显的变化，表现为追求健康美、形式美和环境美。在这种趋势下，鲜艳、明快、富有活力的色调成为主流。

第二节　市场调研与预测

一、市场调研

（一）市场调研的含义和作用

1. 市场调研的含义

市场调研是指通过有目的地对一系列资料、情报、信息的判断、收集、筛选、解释、传递、分类和分析，来了解现有的和潜在的市场，并以此为依据做出经营决策，从而达到进入市场、占有市场并取得预期效果的目的。

2. 市场调研的作用

市场情况处在不断变化之中，无论在国民经济宏观管理方面，还是在企业微观经营方面，都要时刻掌握市场信息和市场动向。市场调研的作用具体表现在以下几个方面：

（1）做好市场调研，有利于制订科学的生产计划和经营决策

在任何领域内，科学决策的基础是具备有效的信息并且充分利用它。这既适用于企业经营，也适用于非营利组织。所有市场营销决策需要的信息和获得信息的方法都可被视为市场调研的内容，而市场调研所提供的通常是有关市场核心问题的信息。

（2）做好市场调研，有利于企业改善经营管理，提高经济效益

在竞争市场上执行一项决策有时需要投入大量资源，同时面临很高的风险。为了制定

科学的决策，有必要使决策建立在更严密和更可靠的数据资料的基础上。另外，现代市场和市场营销的许多特性，例如消费者的多样性，不断加速的变化步伐，市场的不确定性，使得凭直觉和经验做出的分析缺乏可靠性。而在过去的几十年间，为增强决策信心和减少某些风险进行的正规的市场调研技术不断发展和走向完善。所以，要使企业提高经济效益，必须进行市场研究，使企业的市场和经营活动符合消费者的需要，以扩大市场占有率和销售盈利。

（3）做好市场调研，有利于企业了解消费者对其产品或服务的评价、期望和想法

市场调研给消费者提供了一个表达自己意见的机会，使他们能够把自己对产品或服务的意见、想法及时反馈给生产企业或供应商。事实情况表明，哪个地区的消费者积极参与市场调查，毫不保留地将自己的意见提供给市场调研机构，哪个地区的消费者就能得到更好的产品和服务。

（4）做好市场调研，有利于企业与市场紧密联系，优化市场营销组合

企业根据市场调研结果，分析研究产品生命周期，开发新产品；对日益复杂的分销渠道进行筛选，确定最有效的分销途径；制定合理的产品价格，选择最有效的促销方式等。

（5）做好市场调研，有利于开发更广阔的市场

不同国家和地区的市场环境各不相同，同一产品的供需情况也可能有很大的差别。只有准确掌握了市场需求，并使产品及时满足这些需求时，才可能获得更广阔的市场。所以，进行广泛的市场调研是成功进入更加广泛的市场的前提条件。

（二） 市场调研的类型和内容

1. 市场调研的类型

市场调研根据不同的分类标准，可以划分为不同的类型。例如，按照调研时间进行划分，可以分为一次性调研、定期调研、经常性调研和临时性调研；按照调研目的进行划分，可以分为探测性调研、描述性调研、因果关系调研和预测性调研。

（1）探测性调研

探测性调研是指企业对所要调研问题的性质或范围不明确时进行的调研。这类调研没有特定的调查内容，只是收集一些有关资料进行分析，再做进一步调研。例如，企业对某一地区产品销量持续下滑的原因尚不清楚，因此运用探测性调研收集资料，从中找出可能的原因，然后再做进一步调研。

（2）描述性调研

描述性调研是指对某一特定的问题进行调研，如实记录和做客观的描述，而不研究其内在的关联。例如，企业要对某一产品的市场占有率进行描述性调研，只需要记录该产品市场占有率的数字即可，不需要研究如何产生的这一数字。

（3）因果关系调研

因果关系调研是指为了弄清楚问题的原因与结果之间关系的调研。例如，上例中产品市场占有率问题，因果关系调研不仅要调查清楚市场占有率的实际情况，还要弄清楚市场占有率上升或下降的原因。

（4）预测性调研

预测性调研是指在搜集、整理资料的基础上，运用科学的预测方法，分析市场在未来一定时期内产品供需变化情况，使企业能够掌握市场动向，把握市场机会，制订有效的营销计划。

2. 市场调研的内容

市场调研的内容，应该根据外部环境的变化情况和自身的工作要求来确定。一般来说，市场调研的内容包括市场宏观环境调研、市场需求调研、消费者购买力调研、产品调研、销售绩效调研和竞争者调研。

（1）市场宏观环境调研

一切营销组织都处于宏观环境之中，不可避免地受到其影响和制约。对宏观环境的调研内容包括人口、经济、自然、政治法律、科学技术、社会文化等。具体来说，每一项影响要素都可以通过一系列具体指标来反映。例如，反映经济环境的指标有国民生产总值、社会商品零售总额、消费者收入水平和货币汇率等。

（2）市场需求调研

市场需求调研是市场调研中最基本的内容，包括消费需求量的调研、消费结构的调研和消费行为的调研。

第一，消费需求量的调研。消费需求量直接决定市场规模的大小，一般受两个因素的直接影响。一是人口数量，一般来说，人口数量越多，市场规模就越大，对产品的需求量也必然会增加，但是也要考虑人口的性别、年龄、教育程度等；二是货币支付能力，在拥有一定的可支付购买力的条件下，人口数量与消费需求量呈正相关。

第二，消费结构的调研。消费结构是指消费者将其货币收入用于不同产品支出的比例，它决定了消费者的消费投向。消费结构调研的主要内容是消费者各部分支出占总支出的比例。

第三，消费行为的调研。调研的主要内容包括哪些人是购买者，他们如何购买，在什么时间、地点购买，为什么购买等。

（3）消费者购买力调研

企业的一切经营和营销活动都是以消费者为中心的，消费者的购买力决定了企业的盈利。对消费者购买力的调研包括3个领域：①城乡居民购买力调研，主要是对城乡居民收入和投向的调研；②社会群体购买力调研，主要是对政府机关、事业单位、社团组织等非营利性群体的购买力情况的调研；③生产资料购买力调研，主要是对生产性消费品的品种、规模、经济政策、引进外资等情况的调研。

（4）产品调研

产品调研是指对市场上与企业现有产品和拟开发产品的供应、销售相关的情报资料。产品调研涉及的主要内容有产品生产能力调研、产品质量调研、产品包装调研、产品生命周期调研和产品价格调研。

第一，产品生产能力调研。产品的生产能力既是一个企业综合实力的体现，又是企业市场发展前景的保障。产品生产能力调研的内容主要包括企业总体产品的生产量、各大类产品生产能力、各品种产品生产能力、生产能力是否满足市场需要量以及生产能力是否有剩余等。

第二，产品质量调研。产品质量是产品的生命线，质量的好坏直接关系到产品的品牌、声誉等，进而影响到企业的生存和发展。产品质量的调研包括产品是否满足消费者需求、本企业产品与竞争者相比的优劣势调研等。

第三，产品包装调研。包装是产品的一部分，它除了具有保护产品、方便运输的作用之外，还有树立品牌和企业形象、促进销售的作用。产品包装调研主要是调查包装的外观设计、容量、包装材料等是否能被消费者接受和喜爱，消费者为什么会喜爱或不喜爱，消费者希望通过产品包装获得哪些信息等。

第四，产品生命周期调研。一般来说，产品都会经历投入期、成长期、成熟期和衰退期的产品生命周期。企业掌握产品目前处在生命周期的哪一阶段，对制定营销策略和发展战略是必不可少的。产品处于生命周期哪一阶段，主要反映在产品的市场占有率、销售增长率、消费者购买意向、市场竞争产品、可替代产品的开发和销售情况等方面。

第五，产品价格调研。产品价格是企业可控因素中最活跃、最敏感、最难以有效控制的因素。产品价格调研包括定价是否合理、与竞争产品的价格差异等。

（5）销售绩效调研

销售绩效主要包括销售政策的效果信息和促销方法的投入产出效果信息。对销售绩效进行调研，有助于企业建立更有效的销售组织和采取更好的方法。销售绩效调研包括销售政策的执行情况与出现的问题、对当前销售方法的评价、销售渠道与销售人员效果分析、广告及其他促销手段效果分析。

（6）竞争者调研

竞争者调研的主要内容包括生产同类产品的竞争者数目与经营规模，同类产品各重要品牌的市场占有率及未来变动趋势，同类产品不同品牌所推出的型号与售价水平，消费者乐意接受的品牌、型号及售价水平，竞争者产品的质量、性能与设计，主要竞争对手所提供的售后服务方式，消费者及中间商对此类服务的满意程度等。

（三）　市场调研的原则和步骤

1. 市场调研的原则

（1）科学性原则

市场调研的科学性主要体现在科学地选择调查方式、调查对象以及科学地使用调查工具上。调研人员需要运用一些社会学和心理学的相关知识，以便与被调查者更好地交流，科学地整理所收集到的资料，并运用一些数学模型和统计学知识对整理的资料进行分析，能够较精确地反映调研结果。保证市场调研科学性的前提是资料来源准确，一方面要求市场调研人员具有较高的技术水平和较丰富的经验；另一方面也要求被调研者能够配合并持客观态度。

（2）真实性原则

真实性原则也叫作准确性原则，是指调查资料必须真实、准确地反映和描述客观实际，才能使市场预测建立在准确的市场调研资料基础上。它要求调研资料必须是对调研对象完全客观的描述，不能夹杂任何主观评价；调研资料涉及的时间、地点、事情经过、经济活动主体都要准确无误；调研资料所描述的内容必须客观、真实、可靠，不能虚构；各种数据必须准确，计量单位科学、语言表达明晰。

（3）系统性原则

系统性原则也叫作全面性原则，指市场调研必须全面地、系统地搜集有关市场各方面的信息资料。要求从多方面描述和反映调研对象的特征和变化，从多方面反映影响调研对象发展变化的各种内外部因素，特别是要抓住本质的关键因素；要求市场调研活动应具有连续性，以便不断积累信息，进行系统的、动态的分析和利用。

（4）时效性原则

时效性原则要求搜集、发送、接收、加工、传递和利用市场调查资料的时间间隔尽量要短。为此，市场调研开展要及时，调研资料的传递渠道要畅通，调研资料的处理效率要高，尽量缩短从搜集到使用的时间。

（5）经济性原则

经济性原则指市场调研应当按照调研的目的要求，选择恰当的调研方法，争取用较少的费用获取尽量多的调研资料。企业做市场调研应该量力而行，例如，中小企业没有较大的财力去做规模较大的市场调研，就可以更多地采用参观访问、直接听取顾客意见、大量阅读各种宣传媒体上的有关信息、收集竞争者的产品等方式进行市场调查，只要工作做得认真细致而又有连续性，同样会收到很好的调研效果。

2. 市场调研的步骤

市场调研是一项复杂而艰巨的工作，不但要运用科学的工具和方法，也要周密地安排每一个调研步骤。市场调研的步骤一般分为确定调研目标，制订调研计划，收集信息，分析信息，提交调研报告这5个步骤。

（1）确定调研目标

为了有针对性地进行市场调研，避免盲目行动造成人力财力的浪费，在执行调研之前，应首先确定需要解决的问题以及调研目标。由于经济现象非常复杂，通常要先做探测性调研，确定调研的问题及范围。范围不宜过宽，无关紧要的问题不要出现；范围也不宜过窄，应包含全部需要调查的问题。

（2）制订调研计划

调研计划也称为调研方案，是有关深入分析问题，达到调研目标的具体安排。调研计划一般包括调研目的、调研项目、调研方法、调研设计、经费估计、人员和时间安排等。调研计划直接影响调研的实施，因此，应该全面地考虑到尽量多的细节，例如，被调研的对象太多，不可能全部调查，因此应事先运用合适的抽样方法，选定调研样本。

（3）收集信息

调研信息的收集一般按照从内到外、从现有到实地的原则进行。在调研中一般首先考虑取得二次资料的可能性。运用现成的二次资料，不论在时间上还是经济上都相对节省，对资料的历史背景也比较清楚，也可以与实地调查资料进行对比。在运用二次资料时，要充分考虑到资料可能存在的不足，例如，资料过时、分类要求与调查目标不同、资料可能有遗漏与错误等。如果二次资料不适用，就要考虑收集原始资料。

原始资料可以从企业内部和外部两个方面进行收集。内部资料指企业内部的销售记录、成本记录等；外部资料主要来自对企业外部的调查或销售实验。

（4）分析信息

收集来的原始资料，必须加以整理，对信息进行分类、汇总，使其系统化、简单化和表格化。可以运用先进的统计技术和决策模型，以便发现更多有用的信息和知识。

（5）提交调研报告

根据调研情况和分析结论，编写调研报告。报告应紧密围绕调研目标和要求，客观准确地分析问题，提出建议。报告文字应简明扼要，通俗易懂。结论建议可以归纳成要点，报告后附上用以支持的附件，以便查阅。

二、市场预测

市场调查与市场预测有着密切的联系。市场调查是为了了解市场情况，认识市场本质；市场预测则是在掌握市场情况和本质的基础上对未来的不确定性进行推测。

（一）市场预测概述

1. 市场预测的含义

所谓预测，就是根据过去和现在已有的材料和知识来推测未来。市场预测是在对影响市场供求变化的诸多因素进行系统的调查研究和掌握信息资料的基础上，运用科学的方法，对未来市场的供求发展趋势以及有关的各种变化因素进行分析、预见、估计和推断，并做出一种合乎逻辑的解释说明。

2. 市场预测的类型

市场预测，从不同的角度划分，可以分为以下几种类型：

（1）按市场预测的范围可以分为宏观市场预测和微观市场预测

第一，宏观市场预测。宏观市场预测是指根据预测目的，从全社会出发，对大系统总体的、综合的市场发展趋势的预测，一般是指整个国民经济活动的总图景及相应经济变量的全社会综合数值的预测。宏观市场预测提供的预测值有国内生产总值及其增长率、人均国内生产总值及其增长率、物价总水平和社会商品零售总额、工资水平和劳动就业率等。

第二，微观市场预测。微观市场预测是指从企业出发，对影响单个经济单位的经济行为及相应经济变量的预测。例如，对一个企业产品的市场需求量、销售量、市场占有率、价格变化趋势、成本以及效益指标等的预测。

（2）按市场预测的时间可以分为短期预测、近期预测、中期预测和长期预测

第一，短期预测。短期预测是以日、周、旬、月为时间单位，对半年以内的市场发展前景进行的预测。它主要是为企业日常经营决策服务，讲究预测时效性。

第二，近期预测。近期预测是以月或季为时间单位，对半年以上至两年以下的市场发展前景的预测。它为制订年度计划、季度计划、组织货源、安排本年度生产经营活动提供依据。

第三，中期预测。中期预测是以年为单位，对三年以上至五年以下的市场发展前景进行的预测。它主要服务于中期经营发展战略决策及为经济发展五年计划提供参考依据。

第四，长期预测。长期预测是以年为时间单位，对五年以上的市场经济发展前景的预测。它主要是为企业制订发展的长期规划提供依据。

（3）按市场预测的方法可以分为定性预测和定量预测

第一，定性预测。定性预测是预测人员根据一定的经济理论，凭借知识、经验和判断能力，对市场未来的状态与趋势做出的综合判断。这种方法一般用于缺乏完整的统计资料，市场环境变幻莫测，影响市场的因素复杂，难以进行定量分析的情况。例如，预测某商品在市场上所处的阶段是投入期、成长期、成熟期或是衰退期等。

第二，定量预测。定量预测一般是从历史数据资料入手，使用一定的统计方法和数学方法建立数学模型来进行推算和估计预测值的方法，对预测对象目标运动的规律进行描述，据此预测未来量的变化程度。

3. 市场需求预测

市场预测的主要内容包括市场需求预测、市场供给预测、市场环境预测和市场行情预测。这里我们重点讨论市场需求预测。某一产品的市场需求，是指在一定的营销努力水平下，一定时期内在特定地区、特定营销环境中、特定顾客群体可能购买的该种产品总量。市场需求预测，是对未来市场的需求潜量进行推断和估计。

（1）影响市场需求的因素

在不同的地区、不同的时期，给定商品的市场需求会有变化，这是由有关购买者所面临的生活环境、受到外界刺激和自身因素的变化造成的。影响市场需求的因素主要有外界环境、消费习惯、顾客群体构成和营销努力等。

第一，外界环境。市场需求受到众多环境因素的影响，例如，空调的普及造成了电风扇市场需求的下降。

第二，消费习惯。消费习惯决定着顾客群体或每个顾客对某种商品的消费方式和消费数量。例如，城镇居民对鲜牛奶的爱好已逐渐变成天天饮用鲜牛奶的习惯，使得鲜牛奶的市场需求大大增长。

第三，顾客群体的构成。顾客群体的人口数量、各收入层次的构成对于市场需求也是有影响的。例如，对于食品、饮料、服装等日常生活用品，人口数量越多，市场需求量就越大。

第四，营销努力。企业的营销行为能够影响它们的产品的市场需求。例如，产品改良、价格变动、促销和分销方式都可能改变人们的购物兴趣和欲望。

（2）市场需求的估计

一般来说，在某个地区，一定时期内，某种商品的市场需求量可以用以下公式来估算：

$$Q = nqp \hspace{3cm} （式2-1）$$

其中，Q 为市场需求量，以顾客购买的商品价值量表示；n 为购买者人数；q 为人均年购买量；p 为商品平均价格。

一般来说，一个地区的消费者人数、每人每年的购买量、平均价格等数据资料，必须通过调查取得，而且要求准确。如果这些数据不准确，对于市场需求的计算将会出现很大的误差，失去计算市场需求的意义。

（二）市场预测的方法

1. 定性市场预测法

定性预测，又称判断预测，是由预测人员凭借知识、经验和判断力对市场的未来变化趋势做出性质和程度的预测。这种预测一般用于企业缺乏完整的统计资料、市场环境变化莫测、影响市场的因素复杂、难以进行定量分析的情况。具体方法有：

（1）消费者意见调查预测法

这种方法是询问消费者的购买意向和意见，加以综合分析做出预测的方法。一般适用于满足以下条件的情况：①消费者的购买意向明确清晰；②这种意向会转化为消费者的购买行为；③消费者愿意把其意向告诉调查者。

这种方法预测非耐用品需求的可靠性比较低，因为消费者很难准确地说出自己将来会购买什么和购买多少；预测耐用品需求的可靠性会稍高一些；预测产业用品需求的可靠性最高。

（2）销售人员意见综合预测法

这种方法是在企业的高层决策者向全部销售人员介绍预测期的市场形势或在给予有关未来经济环境变化的资料参考后，要求销售人员发表对今后一定时期内商品销售情况的看法和意见，提出一个自己认为最佳的预测数字，再进行综合，作为企业的销售预测结果的一种方法。这种方法的优点是销售人员对市场有较为全面深刻的了解，并且对待调查态度认真。缺点是销售人员主观上可能存在某些偏差，对经济形势的预测没有足够的知识和能力，并且有的销售人员为了减少销售压力故意压低预测数字。尽管存在一些不足，但是这是一种常见的预测方法。当销售人员较多时，过高或过低的预测会相互抵消，从而使预测结果趋于合理。

（3）专家意见法

调查者有时会求助于企业外部的专家预测市场需求，这些专家包括分销商、供应商、营销咨询顾问以及贸易协会成员等。也有一些企业向专业的经济预测公司购买有关宏观经济趋势和行业发展的情报。专门从事市场调研预测的公司比一般厂商掌握了更多有价值的情报资料、拥有更多的预测专家。因此，对市场需求的发展可能会提供更全面的信息。

专家意见法可以分为三种类型：①小组讨论法。一些企业组成特别专家小组对某项特殊问题进行预测，把专家们聚集在一起互相交换意见，得出整个小组的结论。②单独预测集中法。要求小组内每位专家单独提出个人预测，然后由专项负责人员将各个专家的意见综合起来得出一个结论。③德尔菲（Delphi）法。由每位专家分别提出个人预测，然后由专项负责人员综合修正后发回各个专家再进行个人预测，专项人员再修正，如此循环往复，直到得出接近统一的结论为止。

（4）类比预测法

类比预测法是指根据一个事物与另一事物在发展变化方面的相似性，借助其中某个事物的已知变化来推测另一事物的未知变化水平的预测方法。例如，家用洗衣机的市场需求量变化与电冰箱的市场需求量变化具有一定的相似性。因为这两种商品的购买者群体大体相同，平均购买量很接近。在对某种事物缺乏历史资料，无法直接进行预测时，就可以利用事物之间的相似性，采用类比预测法进行预测。

2. 时间序列市场预测法

时间序列预测法属于定量预测方法的一种。时间序列是指按照时间前后顺序罗列的有关经济变量的一组数据。一般来说，用于需求预测的时间序列数据是一组时间间隔相等、不间断的历史数据，也称为观察值序列。根据事物变化发展的连贯性原理，通过对时间序列数据的分析，可以找出某种经济变量或市场需求的变化规律。时间序列法就是利用分析时间序列数据所取得的规律来进行预测的方法。具体方法有直线趋势法、移动平均法和指数平滑法等。

（1）直线趋势法

该方法是运用最小平方法，以直线斜率表示增长趋势的外推预测方法。其公式为：

$$Y = a + bX \qquad\qquad （式2-2）$$

公式中，a为直线在Y轴上的截距；b为直线斜率，反映年平均增长；Y为销售预测趋势值，X为时间。其中：

$$a = \frac{\sum Y}{n}, \quad b = \frac{\sum XY}{\sum X^2}$$

（2）移动平均法

该方法是以第t期的步长为N的移动平均值M作为第$t+1$期的预测值。相对简单平均法来说，移动平均法采用的时间序列数据可以少一些，或者说，移动平均法只是重视近期观察数据反映的市场需求变动趋势，忽视较早的时间序列反映的变动趋势。

设给定时间序列观察值：

$$x_1, \ x_2, \ \cdots, \ x_t (t \geq N)$$

设定步长为N，则第t期的移动平均值

$$M_t = \frac{x_1 + x_{t-1} + \cdots + x_{t-N+1}}{N}$$

预测方程：

$$\hat{y}_{t+1} = M_t$$

3. 指数平滑法

该方法是重视近期观察值（给予较大权数）的加权平均法的改良预测方法。其加权权数是一个等比级数，即规定自当前期向前，各期观察值的权重按指数规律下降。具体来说，对应于观察值：

$$x_t, \ x_{t-1}, \ x_{t-2}, \ldots$$

权重依次为：$\alpha, \ \alpha(1-\alpha), \ \alpha(1-\alpha)^2, \ \cdots$

满足条件：$0 < \alpha < 1$

$$\alpha + \alpha(1-\alpha) + \alpha(1-\alpha)^2 + \cdots = 1$$

采用上述权数的加权平均数是：

$$S_t = \alpha x_t + \alpha(1-\alpha)x_{t-1} + \alpha(1-\alpha)^2 x_{t-2} + \cdots$$

由于

$$S_{t-1} = \alpha x_{t-1} + \alpha(1-\alpha)x_{t-2} + \alpha(1-\alpha)^2 x_{t-3} + \cdots$$

因此有

$$S_t = \alpha x_t + (1-\alpha)S_{t-1}$$

其中: α 为平滑系数, S_t 为第 t 期指数平滑值。指数平滑法的基本预测公式是:

$$\hat{y}_t = S_t \qquad\qquad (式2-3)$$

递推公式是:

$$\hat{Y}_{t+1} = \alpha x_t + (1-\alpha)\hat{y}_t \qquad\qquad (式2-4)$$

递推公式表明,采用指数平滑法进行预测,只要有一个观察数据就够了。

第三节　市场与购买行为分析

一、消费者市场与购买行为分析

（一）消费者市场的特点和购买行为模式

1. 消费者市场的特点

消费者市场是市场体系的基础,也是现代市场营销理论研究的主要对象之一。成功的市场营销者是那些能够有效地发展对消费者有价值的产品,并运用富有吸引力和说服力的方法将产品有效地呈现给消费者的企业和个人。因而,研究影响消费者购买行为的主要因素及其购买决策过程,对于开展有效的市场营销活动至关重要。

消费者市场有以下几个特点:

（1）消费者的购买绝大多数属小型购买

在现代社会中,家庭规模日益缩小,由父母、少数子女组成的"核心家庭",已经成为最常见的家庭模式。受消费单位规模缩小的制约,消费者的购买呈现出小型购买的特点。针对这一特点,消费品包装、产品规格也必须适当缩小,以适应消费者的需要。

（2）消费者的购买属多次性购买

这一特点与上述小型购买的特点相关。由于消费者家庭日趋缩小，住宅储藏量也有限，消费者购买量小，必然要经常重复购买。

（3）消费者市场差异性大

消费者市场包括每一个社会成员，地域广、人数多，每个消费者因为年龄、收入、地域、文化教育、心理状况等的不同而呈现很大的差异性。因此，企业在生产和营销中，必须根据消费者差异细分市场。

（4）消费者市场属非专业购买

大多数消费者购买商品都缺乏专门知识，尤其在电子产品、机械产品、新型产品层出不穷的现代市场，一般消费者很难判断各种产品的实际质量是否与价格相当，他们很容易受广告宣传或其他促销方法的影响。因此，企业应该重视促销手段的运用，但要避免过度宣传而忽略产品质量的提升。

2. 消费者购买的行为模式

"刺激-反应"理论认为，人类的复杂行为可以被分解为两个部分：刺激和反应。人的行为是受到刺激后的反应。刺激来自两个方面：身体内部的刺激和体外环境的刺激，而反应总是随着刺激而呈现的。

消费心理学揭示，消费者购买行为的发生，也是一个"刺激-反应"的过程。也就是说，消费者个体接受刺激，经过心理活动，最后产生反应。

消费者购买行为模式表明，所有消费者的购买行为都是由刺激引起的。这种刺激既包括来自于外界人口、经济、自然、科技、政治、文化等不可控因素的刺激，也包括来自企业的品牌、产品、服务、价格、渠道、促销等可控因素的刺激。这些刺激经由复杂的心理活动过程，并受到消费者自身来自文化、社会、个人和心理等多元视角表现出的特征的影响以及消费者起始于需要驱动的购买决策过程，心理学家称之为"暗箱"或"黑箱"。最终产生市场上的购买行为，包括购买主体、购买对象、购买动机、购买方式、购买时机、购买地点及购买数量等。

消费者购买行为的一般模式，是营销部门制订营销计划、扩大商品销售的依据。它能帮助营销部门认真研究和把握购买者的个体特征，认识消费者的购买行为规律，并根据本企业的特点，向消费者进行有效的"刺激"，使外在的刺激因素与消费者的个体特征发生整合作用，以便形成购买决策，采取购买行动，实现满足需要、扩大销售的目的。

（二）消费者购买决策过程

1. 消费者购买行为类型

消费者对不同类型产品的购买行为各不相同。越复杂的产品往往包含越多的购买参与者，购买也越慎重。根据购买者的介入度以及品牌间的差异度，可以将消费者购买行为分为以下四种类型：

（1）寻求多样化的购买行为

寻求多样化的购买行为是一种品牌间差异显著、消费者介入度低的购买行为。有些产品的品牌差异很明显，但是消费者不愿花太多精力去选择和估价，而是会不断变换所购产品的品牌。这样做并不是因为对产品不满意，而是为了寻求多样化。例如，购买饮料，消费者很少去仔细评价哪种饮料更好，而是不断尝试新的品牌和口味。针对这种购买行为类型，市场营销人员可采用促销的方式和占据有利货架位置等办法，吸引消费者购买。

（2）习惯性的购买行为

习惯性的购买行为是一种品牌间差异较小、消费者介入度低的购买行为。有些产品品牌差异很小，而且价格低廉、需要经常购买，消费者不需要花费太多精力去选择，更不需要经过信息搜集、反复对比评价等复杂的过程。消费者只是被动接受信息，出于熟悉和习惯来购买。例如，大米、面粉等，各品牌产品之间的差异并不大，有些甚至没有品牌，消费者也往往是根据经常购买的品牌选择继续购买。对于这类购买行为，市场营销人员可以通过价格优惠、广告宣传、独特包装等方式鼓励消费者购买或续购其产品。

（3）降低失调的购买行为

降低失调的购买行为是一种品牌间差异较小、消费者介入度高的购买行为。有些产品的品牌差异并不十分明显，消费者不经常购买，但是购买时有一定的风险，所以，消费者一般要进行比较和评估，不过在评估后发现品牌差异不大而迅速做出购买决策。例如，家里购买一块羊毛地毯，因为羊毛地毯的价格较高，消费者往往会货比三家，但是发现各品牌间差异不大，只要价格合理、购买方便，就会决定购买。购买以后，消费者也许会感到不够满意，就会经历购买后的不协调，然后寻求各种理由来降低这种不协调的感觉，以证明自己的决策是对的。针对这种购买行为，市场营销人员应当注重售后服务，提供给消费者相信自己的购买决策没有错的证据和支持。

（4）复杂的购买行为

复杂的购买行为是一种品牌间差异显著、消费者介入度高的购买行为。当消费者购买一件贵重的、不常买的、有风险的而且又有意义的产品时，由于品牌差异大，消费者对产品缺乏了解，因而需要有一个学习的过程来广泛了解产品的性能和特点，从而对产品产生某种看法，然后决定是否购买。例如，购买汽车，消费者都会经过对汽车各项性能指标的了解和学习，才会决定购买。对于这类的购买行为，市场营销人员应采取有效措施帮助消费者了解产品性能及其重要性，并介绍产品优势以及给购买者带来的利益，从而影响消费者的最终选择。

2. 消费者购买决策过程

消费者购买决策过程分为五个阶段：确认需求、收集信息、评估方案、决定购买和购后行为。

通过整个购买决策过程的速度可能很快，也可能很慢。在经常性购买中，消费者常常跳过或颠倒某些阶段的顺序，这与消费者的特点和产品的属性相关。

（1）确认需求

消费者的购买过程要从确认某一问题或需求开始。消费者需求往往由两种刺激引起：一是内在刺激；二是外在刺激。市场营销人员应该对消费者需求进行研究，识别出引起消费者某种需求的原因，从而引导消费者去关注能够帮助他们解决问题、满足需求的产品。

（2）收集信息

消费者确认了自己的需求后，就进入收集信息的阶段。消费者的信息来源主要有个人来源（家庭、朋友、邻居、熟人）、商业来源（广告、推销员、经销商、包装、展览会）、公共来源（大众媒体、消费者评比机构）和经验来源（处理、检查和使用产品）等。市场营销人员应对消费者使用的信息来源认真加以识别，并评价其各自的重要程度以及询问消费者最初接到品牌信息时有何感觉等。针对这个阶段，企业营销的关键是要能掌握消费者在收集信息时会求助于哪些信息源，并能通过这些信息源向消费者施加影响力。

（3）评估方案

消费者评估购买方案往往根据消费者的特点和所购产品的属性表现出不同的特征。例如，有时消费者会精打细算、货比三家，有时又会不加思考、冲动购买；有时消费者会自行决策，有时又会考虑家人、朋友或销售人员的建议。消费者对购买方案的评价一般要涉及产品属性（即产品能够满足消费者需要的特性）、属性权重（即消费者对产品有关属性所赋予的不同的重要性权数）、品牌信念（即消费者对某品牌优劣程度的总的看法）、效用函数和评价模型等问题。因此，市场营销人员应该研究消费者评估方案所考虑的因素，采取措施去影响消费者的选择。

（4）决定购买

评价方案会使消费者对可供选择的产品和品牌形成某种偏好，从而形成购买意图，进而决定购买。但是，在购买意图和决定购买之间，有两种因素会产生影响：一是别人的态度；二是意外情况。偏好和购买意图并不总能导致实际购买，尽管二者对购买行为有直接影响。消费者修正、推迟或者回避做出某一购买决定，往往是受到了可觉察风险的影响。市场营销人员必须了解引起消费者有风险感的那些因素，进而采取措施来减少消费者的可觉察的风险。

（5）购后行为

产品购买后，营销人员的工作也并没有结束。因为消费者在购买产品后会产生某种程度的满意感或不满意感，也就是购后行为，营销人员同样对此予以关注。消费者对其购买活动的满意感与其对产品的期望和该产品可察觉的性能相关。如果期望大于产品可察觉性能，消费者就会感到不满意；如果期望等于产品可察觉性能，消费者就会感觉满意；如果期望小于产品可察觉性能，消费者就会非常满意。期望和可察觉性能之间的差距越大，消费者的不满意感也就越强烈。所以，市场营销人员应使其产品真正体现出其可觉察性能，以便使消费者感到满意。事实上，那些有保留地宣传其产品优点的企业，反倒使消费者产生了高于期望的满意感，并树立起良好的产品形象和企业形象。

二、组织市场与购买行为分析

（一）组织市场的类型、特点和购买行为模式

1. 组织市场的类型

组织市场可以分为产业市场、中间商市场和政府市场。产业市场是指所有购买产品和服务，并将其用于生产其他产品和服务，以供销售、出租或供应给其他的人的个人和组织。它是组织市场中规模最大的一种市场类型。中间商市场是指将购买的产品再度出售或出租，以获得利润的个人和组织。政府市场是指那些执行政府的主要职能而采购或租用商品的各级政府单位。

2. 组织市场的特点

组织市场规模巨大，所涉及的销售金额和产品项目数量其实远远大于消费者市场。组织市场与消费者市场在某种程度上类似，两者都涉及为满足需求而承担购买角色和制定购买决策的人。但是，组织市场又在许多方面与消费者市场不同，主要体现在市场结构和需

求特征、购买单位的性质、决策类型和决策过程等方面。

（1）市场结构和需求特征

组织市场的购买者通常人数较少，而规模较大。组织市场在地理位置上比较集中。组织市场的需求是引申的需求，即组织购买者对产品的需求归根到底是从消费者对消费品的需求引申而来的。组织市场的需求是缺乏弹性的，也就是说，价格的变动对组织市场总需求量的影响不大，特别是在短期的情况下。组织市场的需求波动性较大，即许多工业产品或服务的需求比消费品需求变动大。当消费者的需求小幅增加时，工业产品需求会大幅度增加。

（2）购买单位的性质

与消费品采购相比，组织采购中参与购买的人数更多，并且更为专业化。由于组织市场中的产品，特别是一些生产用设备都是技术性非常强的，因此，需要专业人员负责采购工作。

（3）决策类型和决策过程

组织采购通常涉及较大的金额，技术和经济上的考虑也更复杂。购买者组织中各个层级和部门的许多人员之间都会有复杂的相互影响。因此，组织购买决策要比消费者购买决策复杂得多。

组织购买过程通常比消费者购买过程更加正式。大机构的采购通常要求详细的产品规格、书面的订购单、审慎寻求供应商和正式的批准。

最后，在组织购买过程中，购买者和销售者通常需要相互依赖。组织市场的营销人员在购买过程的所有阶段中，都需要与顾客通力合作，从协助顾客确定问题、给出方案，到售后服务。公司除了要满足顾客现有的需求以外，还应该考虑顾客未来的需求，以建立持续不断的长期关系。

3. 组织购买行为模式

组织市场的购买也是一个"刺激-反应"的过程。由营销和其他刺激因素影响组织购买者，进而引起购买者反应。各种因素的刺激是组织购买者决策的先导因素，B2B市场营销者需要重视研究采用哪些有效的刺激措施，能够引起对营销者有利的购买反应。

在组织购买者中，购买行为取决于两个因素：一是采购中心；二是采购决策过程。这两个因素既受到组织因素、人际因素、个人因素的影响，也受到外部因素的影响。

（二）产业购买决策过程

1. 产业购买行为类型

产业购买者的购买决策通常可分为三种类型，每一类型都面临一系列的决策选择，但具体决策选择的数目是不同的。按其所需决策选择数目从少到多，可以分为直接重购、修正重购和新购三种类型。

（1）直接重购

直接重购是一种最直截了当，所需决策选择数目最少的采购类型。这种采购往往只由采购部门级别较低的人员按照过去的订货目录再次购买。直接重购的产品也往往是那些最频繁购买而且需不断补充使用的产品，例如，一直使用的生产原材料、频繁采购的办公用品等。负责此项采购的人员在这些产品的库存量低于预定的水平时便简单地进行再订购，而且通常都向同一供应商订购，除非是供应商方面出了什么问题或出现了新的潜在供应者，并且新的供应商在供货条件、质量、价格等方面有更大的吸引力，才会使原购买决策者觉得有必要再考虑改变供应者。因此，原来的供应商必须尽最大的努力保持产品和服务的质量，并争取与客户达成运用自动订货系统的安排，一方面可以使采购者节省订货时间，另一方面也可以使自己加强与采购者之间的关联。

（2）修正重购

修正重购通常是直接重购的延伸，是对原先购买的产品规格、价格和交货期等进行修正的采购类型。由于要做上述这几方面的改变，就有可能要改变供应商或与原供应商协商某些新的条款。这样原来的供应商便会感到紧张，并且会全力以赴地保持这笔交易，而原先落选的供应商则认为这是重新获得这笔交易的大好机会。这种情况使得买卖双方都需要一定的决策过程，有更多的决策人员参与。适于这类购买情况的产品一般是小型手工工具、零配件、物料等。

（3）新购

新购是指产业购买者第一次购买某种产业用品。由于原材料、零部件、办公用品等一般都为频繁购买的产品，不存在新购的问题。因此，新购的产品一般都是不常购买的产品，例如，机械设备、计算机、新的厂房和仓库等。产业购买者执行这种采购任务时，通常都有一整套能满足企业要求的衡量标准，并且会考虑多家能够满足要求的供应者。这些供应者则力图说服购买者相信他们的产品和服务是性能最好或成本效益最佳的。由于新购的成本和风险较大，因此，其所需决策选择的数目也最多，采购过程也较复杂，它也是三种购买类型中最应该重视的一种。

2. 产业购买行为的参与者

在产业购买中，一般是由一个团体共同做出购买决策，只有极少数情况会由某一个人进行决策，大多数情况是许多来自不同领域和具有不同身份的人员直接或间接参与产业采购过程而做出有关决策。这样的一群人组成的团体称为决策单位或采购中心，他们在决策过程中怀着共同的目标并分担共同的风险。企业的采购中心通常包括五种角色，即使用者、影响者、采购者、决策者和信息控制者。这五种角色并非必须五个人来承担，有时可能会出现一个人承担多个角色的情况，但即使五种角色由同一人承担，也仍将其视为一个决策单位。

（1）使用者

使用者是组织机构内使用所购买产品和服务的成员，他们往往是采购过程的发起者，甚至在很多情况下由他们提出技术上的购买要求。如果产品使用后达不到预定的标准，使用者所受损失也最大，因此，在采购中他们被赋予一定行政上的权力，并在决策过程中受到其他同事的尊重。当他们拒绝接受或使用某一供应商所供应的某些具体产品时，是最不容易妥协的。

（2）影响者

影响者是直接或间接参与购买过程并在采购中发挥一定行政威力的人员。他们可以运用自己的技术知识施加压力，例如，强调保持生产进度、维持设计要求，然后施展他们在定价、买卖方面的专业知识，对购买决策人员施加影响。例如，分管生产部门的经理在生产设备和原材料的购买上虽然不是直接使用者，也不是决策者，但却是有相当影响力的影响者。

（3）采购者

采购者通常是有权并具有相应知识进行谈判和替组织进行采购的采购代表或采购员。采购者有时也在采购决策中起某些作用，例如协助决定产品规格等，但他们的主要职责还是选择供应商和进行谈判。如果采购过程比较复杂，采购员里还会包括专门的谈判人员。

（4）决策者

决策者是机构中具有正式和非正式权力做出最后决策的人员，他对采购中心的其他成员的意见具有否决权。作为产业市场上的供应商，必须清楚谁是客户采购中心的决策者，以便以决策者的需要为目标，有效地达成交易。

（5）信息控制者

信息控制者是那些可控制信息流传入决策单位的人员。当采购中心其他成员侵犯采购经理的职权或越过采购程序时，采购经理常常起到这种作用，他可拒绝或阻止某些推销商或某些价格信息与采购中心成员接触。

3．产业购买决策过程

产业购买决策过程分为八个阶段：确认问题、描述一般需求、确定产品规格、寻找供应商、征求方案、选择供应商、正式订购和评估使用结果。

（1）确认问题

当公司内部有人发现，购买某产品或服务可以解决某个问题或者满足某种需要时，这就是购买过程的开始。确认问题可以是由公司内部或公司外部的刺激而产生的。例如，在公司内部，决定推出一款新产品而需要采购新的原材料和机械设备，采购经理对现行供应商的供货质量和价格产生质疑而要寻找新的供应商；在公司外部，采购者接到了某一产品的推销电话或是参加了某个展销会，从而要采购所需的产品。

（2）描述一般需求

一旦确认了问题，接下来就要准备一般需求说明书，以确定产品的一般需求和数量。对标准化的产品，这不是大问题，但是对于复杂的产品，采购人员必须与公司内部其他部门的人员商量。他们必须评估产品的耐用性、可靠性、价格和其他属性的重要性。在这个阶段，卖方可以提供很多帮助，因为买方往往不了解各种产品的详细特点和价值，积极的营销者可以帮助买方描述公司的需求。

（3）确定产品规格

这一阶段，购买者要确定产品的技术规格，这项工作往往是在价值分析工程小组的协助下完成的。价值分析是一种降低成本的分析方法，它仔细研究产品的各个元件是否重新设计、实行标准化或者使用更便宜的方式生产。价值分析工程小组会决定适当的产品特性并确定其规格，将其要求列入说明书中，作为采购选择的依据。

（4）寻找供应商

购买者为寻求适当的供应商，可以查阅工商企业名录、网络资料或者征询其他公司的意见，然后剔除一些无法充分供应或者交货与信誉不佳的供应商，形成一份人数较少的合格供应商名单。购买任务越新，项目越复杂、越昂贵，耗费在寻求供应商上的时间就越多。供应商必须将自己的资料展示在网络等公开渠道上，并且在市场上建立良好的声誉。

（5）征求方案

一旦确定几名供应商，必须尽快请他们提出方案和报价。对于复杂和昂贵的产品项目，买方可能会要求详细的计划书，然后在其中挑选部分公司开会介绍详细计划，以便进一步评估。产业市场营销人员必须精于研究、撰写计划书和介绍演讲。计划书应该是营销文件而不是技术文件。这种文件必须能够令人产生信心，要使本公司胜过竞争者，成为潜在客户的理想供应商。

（6）选择供应商

在此阶段，采购中心的成员将审核提交上来的计划书，并进行供应商分析，从而选择供应商。他们考虑的不仅是产品的质量和价格，还要考虑交货时间、付款条件、售后保障等其他因素。通常，采购中心会列出一份有关供应商属性及其重要性的清单，一般被认为是最重要的属性有：优质的产品和服务，按时交货，有道德的公司行为，诚实的通报及具有竞争力的价格。其他还有一些，像维修、服务能力，技术支援及咨询，地理位置，历史业绩及信誉等也是比较重要的因素。采购中心按照这些属性对备选供应商进行评估，挑选出最合适的供应商。

（7）正式订购

买方确定供应商之后，必须向供应商发订购单，说明产品的规格、数量、希望的交货时间、退货条件和产品保证等，订立一揽子采购合同。供应商必须承诺在一定时间内，根据合同价格随时向买方供应所需产品。这是一种长期关系，存货存储在卖方手里。这种方式增加了向单一供应商购买产品的可能性。供应商与买方可以建立稳定的关系，减少其他供应商的可乘之机。

（8）评估使用结果

在这个阶段，采购单位会评估向某供应商采购的成果。采购单位将请使用单位根据满意程度对供应商予以评分。结论将影响公司与供应商的关系。供应商应该注意采购者评估绩效的各项指标，确保客户能够得到预期的满足。

第三章 产品策略

第一节 产品整体概念

一、产品及产品整体的概念

（一）产品的概念

人们对产品的理解通常是具有某种物质形状，能提供某种用途的物品，这是一种狭义的理解。在现代营销学中，产品概念具有广阔的外延和丰富的内涵。菲利普-科特勒认为，"产品是指为留意、获取、使用或消费以满足某种欲望和需要而提供给市场的一切东西"。因而从营销学的意义上讲，产品的本质是一种满足消费者需求的载体，或是一种能使消费者需求得以满足的手段。基于消费者需求满足方式的多样性，产品包括有形的物品、无形的服务、组织、观念或它们的组合。

（二）产品的整体概念

消费需求的不断扩展和变化使产品的内涵和外延不断扩大。从内涵看，产品从有形实物产品扩大到服务、人员、地点、组织和观念；从外延上看，产品从实质产品向形式产品、期望产品、附加产品和潜在产品拓展。为此，应以发展的眼光，联系消费者需求和企业间的产品竞争，从整体上对产品进行研究，这就是营销学提出的产品的整体概念。

1. 核心产品

核心产品即向消费者提供产品的基本效用和性能，是指消费者需求的核心部分，是产品整体概念中最主要的内容。消费者购买产品，并不是为了获得产品本身，而是为了获得满足自身某种需要的效用和利益。企业的产品生产或营销经营活动，首先应考虑能为消费者提供哪些效用和功能，并且着眼于产品的这些基本效用和性能。

2. 形式产品

形式产品是指产品的本体，是核心产品借以实现的各种具体产品形式，即向市场提供的产品实体的外观。而外观是指产品出现于市场时，可以为消费者识别的面貌，它一般由产品的质量、特色、品牌、商标、包装等有形因素构成。企业在产品设计时，应着眼于消费者所追求的基本利益，同时，市场营销人员也要重视如何以独特的形式将这种利益呈现给消费者。因为形式产品的各种有形因素虽然不全部直接进入产品的使用过程，但也间接影响消费者对产品的满足程度和评价。

3. 期望产品

期望产品即购买者在购买产品时通常期望或默认的一组属性和条件。如旅馆的期望产品包括干净的床、整洁的房间和相对安静的环境。顾客通过期望产品来获得满意。

4. 附加产品或延伸产品

附加产品是指消费者购买产品时随同产品所获得的全部附加服务与利益，它包括提供信贷、免费送货、安装调试、保养、包换、售后服务等。附加产品是产品整体概念中的一部分，是因为消费者购买产品就是为了需要得到满足，即希望得到满足其需求的一切东西。在现代市场经济中，特别在同类或同质产品中，附加产品有利于引导、启发、刺激消费者购买、重复购买和增加购买量。由此可见，企业要增强竞争优势，应着眼于比对手提供更多的附加产品。

5. 潜在产品

潜在产品指现在产品可能发展的前景，包括现有产品的所有延伸和演进部分，最终可能发展成为未来产品的潜在状态的产品，比如手机可能发展成数字一体化娱乐终端机。

产品的整体概念告诉我们，没有需求就没有产品，通过对产品整体概念五个层次的内容进行不同的组合，可以满足不同消费者对同一产品的差异性的需求。消费者对产品质量的评价是从产品整体概念的角度进行的，因而不同企业产品质量的竞争实质上是产品整体概念的竞争。现代企业产品外延的不断拓展缘于消费者需求的复杂化和竞争的白热化，在产品的核心功能趋同的情况下，谁能更快、更多、更好地满足消费者的复杂利益整合的需要，谁就能拥有消费者、占有市场、取得竞争优势。不断地拓展产品的外延部分已成为现代企业产品竞争的焦点，消费者对产品的期望价值越来越多地包含了其所能提供的服务、企业人员的素质及企业整体形象的"综合价值"。目前，发达国家企业的产品竞争多集中在附加产品层次，而发展中国家企业的产品竞争则主要集中在期望产品层次。若产品在核心利益上相同，但附加产品所提供的服务不同，则可能被消费者看成是两种不同的产品，因此也会造成两种截然不同的销售状况。新的竞争不在于工厂里制造出来的产品，而在于工厂外能够给产品加上包装、服务、广告、咨询、融资、送货或顾客认为有价值的其他东西。

二、产品分类

在市场营销中要根据不同的产品制定不同的营销策略，确定科学有效的营销策略，就必须对产品进行分类。

（一）按产品的用途划分

按用途可划分为消费品和工业品两大类。消费品是直接用于满足最终消费者生活需要的产品；工业品则由企业或组织购买后用于生产其他产品。消费品与工业品两者在购买目的、购买方式及购买数量等方面均有较大的差异。因此，对于这两类不同的产品，企业的营销策略必须区别对待。

（二）按消费品的使用时间长短划分

1. 耐用品

该类产品的最大特点在于使用时间长，且价格比较昂贵或者体积较大。所以，消费者在购买时，都很谨慎，重视产品的质量以及品牌，对产品的附加利益要求较高。企业在生产此类产品时，应注重产品的质量、销售服务和销售保证等方面，同时选择信誉较好的大型零售商进行产品的销售。

2. 半耐用品

如大部分纺织品、服装、鞋帽、一般家具等，这类产品的特点在于能使用一段时间。因此，消费者不须经常购买，但购买时，对产品的适用性、样式、色彩、质量、价格等基本方面会进行有针对性的比较、挑选。

3. 非耐用品

其特点是一次性消耗或使用时间很短。因此，消费者需要经常购买且希望能方便、及时地购买。企业应在人群集中、交通方便的地区设置零售网点。

（三）按产品之间的销售关系划分

1. 独立产品

即产品的销售不受其他产品销售的影响。比如，钢笔与手表、电视机与电冰箱等都互为独立产品。

2. 互补产品

即产品与相关产品的销售相互依存、相互补充。一种产品销售的增加（或减少）就会引起相关产品销售的增加（或减少）。

3. 替代产品

即两种产品之间的销售存在着竞争关系。也就是说一种产品销售量的增加会减少另外一种产品潜在的销售量。

三、产品整体概念对企业营销管理的意义

（一）企业必须明确消费者所追求的核心利益

核心利益是消费者追求的核心所在。如果忽视这个问题将会对企业的营销活动产生很大的影响。

（二）企业必须注重产品无形方面的特征

消费者对产品的需求不仅仅是核心利益，还有其他方面的需求，也就是非功能性方面的需求。非功能性的需求包括消费者在精神和情感方面的需求。自从改革开放以来，人们的物质生活水平得到了极大的提高，人们对精神、情感方面的需求越来越重视，有的时候甚至超过功能利益。因此，企业要更重视产品非功能性的开发，以更好地满足消费者的需求。

（三）为企业指明产品的竞争可以在多个层次上开展，而不仅仅局限于核心利益

产品的整体概念表明产品是多因素的集合体，企业在激烈的市场竞争中可以从不同方面创造自己的特色。产品整体概念的提出，给企业带来了新的竞争思路，也就是企业可以在产品式样、包装、品牌服务等方面创造差异，获得竞争优势。

第二节 产品组合

一、产品组合及相关基本概念

（一）产品组合

产品组合是指企业生产或销售的全部产品的大类产品项目组合。它反映了一个企业提供给市场的全部产品项目和产品线构成，也是企业的生产经营范围和产品结构。现代企业出于自身的发展需要，往往有许多产品种类，但产品组合不恰当可能造成产品的滞销积压，甚至引起企业亏损。

（二）产品线

产品线指技术上和结构上密切相关，具有功能相似、规格不同而满足同类需求的一组产品，产品线内一般有许多不同的产品项目。根据不同的功能标准、用户相似性、分销渠道的相似性可以将密切联系的产品项目归为一条产品线。如海尔有空调、冰箱、手机、电视等产品线。

（三）产品项目

产品项目是指产品大类或产品线中各种不同的品种、规格、质量的特定产品，在企业名录中列出的每一种产品就是一个产品项目。

（四）产品组合的宽度、长度、深度和相关性

产品组合里面又包含不同的产品线，衡量产品组合时有四个不同的因素：宽度、长度、深度和相关性。

1. 产品组合的宽度

产品组合的宽度是指一个企业生产经营的产品大类有多少，也就是说拥有多少条产品线。拥有的产品线越多，产品组合就越宽，否则就越窄。

2. 产品组合的长度

产品组合的长度指产品组合中所包含产品项目的总和。

3. 产品组合的深度

产品组合的深度是指一条产品线中平均具有的产品项目数。

4. 产品组合的相关度

产品组合的相关度是指各个产品线在生产技术、分销渠道和其他方面的关联程度。

一般情况下，企业增加产品组合宽度，有利于扩大经营范围，发挥企业特长，提高经济效益，分散经营风险；增加产品组合的深度，可占领更多细分市场，满足消费者广泛的需求和爱好，吸引更多的消费者；增加产品组合的长度，可以满足消费者不同的需求，增加企业经济效益；而增加产品组合关联性，则可以使企业在某一特定领域内加强竞争力和获得良好声誉。

二、产品组合的类型

（一）从发展方向的角度来划分

1. 水平式

水平式指企业在自身的生产设备、技术力量和市场范围内，发展新品种，扩展不同的系列产品，增加产品线的长度，或扩大产品组合的宽度。

2. 垂直式

垂直式指企业在专业主导范围内，向型号规格齐全的方向发展。

3. 综合式

综合式指企业在专业主导产品的基础上，充分利用各种资源，发展新产品。

（二）从原有基础的角度划分

1. 一体化发展

一体化发展主要包括前向一体化、后向一体化和水平一体化。如果企业自己生产，由供应商供应零配件的叫后向一体化；如果企业经营原来由下游客户经营的叫前向一体化；如果为了扩大企业规模进行并购或者和别的企业联营的称水平一体化。

2. 多样化发展

多样化发展主要有同心扩散发展、水平扩散发展、集团多样化发展。

（三）从经营范围的角度来划分

1. 行业全面型

行业全面型指向市场提供本行业的各种类型的产品，尽量扩大产品组合的规模，增加产品组合的宽度。如海尔集团，拥有从冰箱、空调、电视、电脑、手机等各种产品线。

2. 市场专业化型

市场专业化型指向某专业市场提供以本行业为主的各种产品。如某轮胎公司专门为汽车制造厂生产各种类型的轮胎，而不生产别的拖拉机或摩托车用轮胎，在汽车轮胎市场获得市场优势。

3. 产品线专业型

产品线专业型指增加产品线的深度，生产某系列产品的各种型号规格的产品。

4. 产品线有限专业型

产品线有限专业型只生产某类产品中的部分产品，以提高专业化水平，这种企业并不生产某个产品线上的所有产品，而是集中力量生产某几种产品。

5. 特殊产品专业型

特殊产品专业型指一个企业只生产某种特殊产品，以满足市场上某种特殊需求。

三、产品组合的优化

企业优化产品组合的过程就是分析、评价和调整产品组合的过程。

企业优化产品组合的必要性在于市场需求与竞争状况等营销环境因素是不断变化的，这些变化可能对企业的某些产品不利，从而使这些产品的销售量和利润趋于减少。企业产品组合的状况直接关系着企业的销售额和利润水平，因此，企业的营销管理部门必须经常对现有产品组合的状况进行分析、评价并做出适当的调整，以实现产品组合的最优化，从而扩大销售量，提高经营效益。

产品组合的优化过程可以分为两个步骤。第一，对现有产品组合进行分析评价。分析与评价产品组合的基本思路是：分解与分析各大类产品的销售量和利润额情况；分析和评价各个产品项目的销售量和利润额状况；全面衡量各产品大类、产品项目与竞争者的同类产品相比较而处的市场地位；分析各产品大类、产品项目的市场发展潜力，确定各产品大类、产品项目未来的发展方向与目标。第二，做出调整产品组合的决策。企业调整产品组合，实际上就是根据环境变化、实际需要以及生产经营能力，调整产品组合的宽度、深度和相关性，改善产品组合的结构状况。

（一）分析评价产品组合

产品组合分析评价方法主要有产品项目分析法、产品定位图分析法、波士顿咨询集团法和通用电器公司法。这里重点介绍前两种方法。

1. 产品项目分析法

这种方法主要用于分析、评价产品线各个产品项目的销售额与利润水平，根据利润水平来衡量该产品项目在企业中的地位和发展策略，这种方法首先要计算每种产品销售额、利润额占公司总销售额和利润额的比重，然后进行判断。

2. 产品定位图分析法

这种方法主要适用于分析各种产品线的产品项目与竞争者同类产品的对比状况，全面衡量各产品项目与竞争产品的市场地位。

（二）调整产品组合决策

企业调整产品组合，实际上就是根据环境变化、实际需要以及生产经营能力，调整产品组合的宽度、深度和相关性，改善产品组合的结构状况。企业调整产品组合的决策主要有以下几方面内容：

1. 调整产品组合深度决策

在这方面，企业可根据情况做出增加产品组合深度和降低产品组合深度的决策。

（1）增加产品组合的深度

增加产品组合的深度，也就是在现有产品大类的基础上增加新的产品项目。增加产品组合深度有四种具体形式：

①产品线向上延伸策略。企业原来生产中档或低档产品，如新推出高档或中档的同类产品，这就是产品线向上延伸策略。这种方式可获得更丰厚的利润，可作为正面进攻的竞争手段，可提高企业的形象，可完善产品线，满足不同层次消费者的需要。

实施这种策略的条件：企业原有的声誉比较高；企业具有向上延伸的足够能力；实际存在对较高档次的需求；能应付竞争对手的反击。

②产品线向下策略，企业在原来生产高档或中档产品的基础上，再生产中档或低档的同类产品。企业采用这一策略可反击竞争对手的进攻，既可弥补高档产品减销的空缺，又可防止竞争对手乘虚而入。但它可能给人以"走下坡路"的不良印象，也可能刺激竞争对手进行反击，还可能形成内部竞争的局面。

③产品线双向延伸策略。原来生产中档产品的企业同时扩大生产高档和低档的同类产品。采用这种策略的企业主要是为了取得同类产品的市场地位，扩大经营，增强企业的竞争能力。但应注意，只有在原有中档产品已取得市场优势，而且有足够资源和能力时，才可进行双向延伸，否则还是单向延伸较为稳妥。

④增加不同于现有产品项目类型的新产品项目，即对一个产品大类不是从档次上增加产品项目，而是着眼于开发不同于现有产品项目类型的新产品项目。

企业增加产品组合的深度，可以更好地适应与满足市场需要，提高企业的市场竞争力。企业增加产品组合深度时应注意的一个问题是，企业对产品大类的深度进行低档次扩展后，在向市场推介时应考虑为这些新的产品项目塑造一种适应特定需要的市场形象，避免形成一种低档次产品的市场形象，以便减少顾客购买时心理风险的压力，同时也可以避免对企业高档次产品的市场形象产生不利影响。

（2）降低产品组合的深度

降低产品组合的深度就是根据情况减少现有产品大类中的产品项目。当某些产品项目的市场前景暗淡，或是经营效果不好而且难以改变，就只能淘汰掉。

2. 调整产品组合宽度的决策

在这方面，企业可根据情况做出扩展产品组合宽度或缩小产品组合宽度的决策。

第一，企业扩展产品组合的宽度，开发和经营市场潜力大的新的产品大类，扩大生产经营范围以至实行跨行业的多样化经营，有利于发挥企业的资源潜力，开拓新的市场，减少经营的风险性，增强竞争能力。

第二，企业缩小产品组合的宽度，剔除那些获利小、发展前景暗淡的产品大类，缩小生产经营范围，可以集中资源经营那些收益高、发展前景好的产品大类，促进生产经营的专业化程度的提高，向市场的纵深发展，提高市场竞争能力。

3. 调整产品组合的相关性

对相关性进行调整，常见的方式是企业增加现有产品组合的相关度，这样可以提高企业在有关专业上的能力，提高企业在某一行业、某一市场上的声誉，巩固与增强企业的市场地位。但是，由于客观需要，企业在经营资源的展开上有时实际是走上了减少产品组合相关度的道路，即增加与现有产品、业务和市场无关的产品业务，实行多样化经营。

企业在调整产品组合时必须注意以下几个方面的制约因素：

（1）自身条件的限制

一个企业拥有的资源能力总是有限的，而且企业总有自己的特长和薄弱环节，因此，并不是企业经营任何产品和业务都是有利的。

（2）需求情况的限制

一个企业只能拓宽和加深具有良好成长机会的产品大类和产品项目，为了填补空白而盲目地增加产品大类、产品项目是不可取的。

（3）竞争条件的限制

如果企业增加某一产品大类或某些产品项目将遇到竞争对手的强力反击，利润的不确定性很大、经营的风险性很高、成功的机会很小，那么企业在拓宽或加深产品组合时就必须权衡利弊、慎重决策。

第三节　产品生命周期

一、产品生命周期的概念及其阶段

现代市场营销学十分重视对产品生命周期理论的研究，将其作为企业制定产品决策以及整个市场营销组合决策的重要依据。此外，市场营销中的其他战略和策略的制定也必须适应产品生命周期的变化，这是企业在动态的市场环境中求得生存与发展、赢得有利的市场地位的一个关键性问题。

（一）产品生命周期的概念

产品生命周期是指产品从投放市场到被淘汰出市场的全过程。产品在市场上存在时间的长短受消费者需求变化、产品更新换代的速度等多种因素的影响。产品生命周期与产品的使用寿命概念不同，前者是指产品的市场寿命，在市场上的存在时间，它的长短主要受市场因素的影响；而使用寿命是指从产品投入使用到产品报废所经历的时间，其长短受自然属性、使用频率等因素的影响。市场营销学所研究的是产品市场生命周期。

（二）产品市场生命周期的阶段及其特点

1. 产品生命周期的四个阶段

产品市场生命周期由于受到市场诸多因素的影响，生命周期内其销售量和利润额并非一条直线，不同的时期或阶段有着不同的销量和利润。因此，产品市场生命周期各个时期或阶段一般是以销售量和利润额的变化来衡量和区分的。

一般产品市场生命周期包括四个阶段，即介绍期、成长期、成熟期和衰退期。对于各阶段则体现出不同的特点。

（1）介绍期

又称引入期、试销期，一般指产品从发明投产到投入市场试销的阶段。其主要特点有：①生产批量小，试制费用大，制造成本高；②由于消费者对产品不熟悉，广告促销费较高；③产品售价常常偏高，这是由生产量小、成本高、广告促销费较高所致；④销售量增长缓慢，利润少，甚至发生亏损。

（2）成长期

又称畅销期，指产品通过试销阶段以后，转入成批生产和扩大市场销售的阶段。其主要特征包括：①销售额迅速增长；②生产成本大幅度下降，产品设计和工艺定型，可以大批量生产；③利润迅速增长；④由于同类产品、仿制品和代用品开始出现，使市场竞争日趋激烈。

（3）成熟期

又称饱和期，产品在市场上的销售已经达到饱和状态的阶段。其主要特征有：①销售额虽然仍在增长，但速度趋于缓慢；②市场需求趋向饱和，销售量和利润达到最高点，后期两者增长缓慢，甚至趋于零或负增长；③竞争最为激烈。

（4）衰退期

又称滞销期，产品不能适应市场需求，逐步被市场淘汰或更新换代的阶段。其三要特点有：①产品需求量、销售量和利润迅速下降；②新产品进入市场，竞争突出表现为价格竞争，且价格压到极低的水平。

2. 产品生命周期的其他形态

事实上，各种产品生命周期的曲线形状是有差异的。有的产品一进入市场就快速成长，迅速跳过介绍期；有的产品则可能越过成长期而直接进入成熟期；还有的产品可能经历了成熟期以后，进入第二个快速成长期。下面介绍几种特殊的产品生命周期曲线：

（1）不连续生命周期

一些新奇的时髦产品在一段时间内迅速占领市场，又很快退出市场，过一段时间后又开始新的循环。

（2）产品生命周期的再循环

当产品生命周期进入衰退期时，企业为了保持产品的市场份额，延长产品的生命周期，加大营销力度，或采用新的营销手段，使产品又步入一个新的循环周期。

（3）"扇形"生命周期

一种产品由于新产品特性的不断发现、新市场的拓展等因素，产品销售量从一个高潮发展到另一个高潮，销售量不断扩大。

这里对产品生命周期的概念和曲线做以下几点说明：

第一，销售额曲线和利润额曲线的变化趋势是相同的，但变化的具体时间有所不同。例如，在引入期，销售额曲线为正数，利润额曲线则为负数；在进入成熟期后，销售额曲线还在缓慢上升，而利润额的曲线却已经开始下降，这是由市场竞争激烈、企业被迫压低了产品销售价格、增加服务和推销费用等原因造成的。

第二，在实际的市场营销活动中，严格界定某一产品生命周期各个阶段的转折点是很困难的。这些转折点的设定具有一定的主观性，并且它只表示产品生命周期基本上要经过这样几个有区别的阶段而已。

第三，对产品生命周期的观察是从产品销售额和获利能力的变化上着眼进行的。当销售额持续下降、利润额剧减甚至出现负数，而其他条件正常（如分销渠道畅通、产品质量稳定等）时，就意味着产品的生命周期即将结束。

第四，以上所介绍的产品生命周期概念和曲线，只反映了大多数产品所要经历的生命过程，并不是所有产品的生命过程都符合这条曲线描述的形态。由于企业营销、市场需求、市场竞争以及其他因素的影响，往往会使一种品牌产品的生命周期出现很不规则的变化。有些产品的生命周期非常短，上市后就持续处于销售不佳的低迷状态，从介绍期直接进入衰退期；有些产品几乎没有经过介绍期，一上市销售额就迅速增长，直接进入成长期；还有的产品生命周期很长，从成熟期或衰退期第二次甚至多次进入新的成长期。因此，实际生活中的产品生命周期曲线的形状是多种多样、较为复杂的。

第五，产品生命周期概念和曲线，对产品种类、产品形式和产品品牌这三种情况的适用性是有所不同的。其中，产品种类（如食盐、香烟、汽车等）的生命周期最长，这是因为许多产品种类与人口变数（人的需要）高度相关，进入成熟期后生命周期可以无限期地延续下去。产品形式（如食盐、香烟、汽车这些产品种类中各种形式的具体产品）的生命周期是典型的，一般都有规律地经过引入期、成长期、成熟期、衰退期这样几个阶段后退出市场。品牌的生命周期也具有典型性，而且品牌的生命周期是比较短的。因此，典型的产品生命周期指的主要是产品形式、产品品牌的生命周期。尽管产品种类的总体市场需求也会出现周期性波动，从企业战略管理和营销管理角度来看，对其进行预测也具有重要的实际意义，但一般情况下产品种类总体市场需求的周期性波动是不能用一般的产品生命周期概念和曲线来加以定义的。

从以上分析可以得到如下启示：

第一，既然产品种类的生命周期很长，总体市场需求也会出现周期性波动，那么企业为了减少经营的风险性，就应考虑增加一些产品种类，实行多元化经营。

第二，既然产品形式的生命周期依次经过几个阶段后要退出市场，那么企业就应该针对其生命周期不同阶段的特点采取不同的市场营销策略，并根据市场需要的变化不断推出新的产品形式。

第三，既然品牌的生命周期较短，但有的品牌又长期受到人们的欢迎，就要求企业在一个品牌投入市场后，特别是一个品牌在市场上确立信誉后，要特别注意加以维护，以充分发挥其作用。

二、产品生命周期各阶段的营销策略

下面简要分析产品生命周期各阶段的特点以及企业可采取的营销对策。

（一）介绍期的特点与营销策略

1. 介绍期的主要特点

（1）销售费用高

由于新产品刚刚上市，消费者和经销者对它缺乏了解，所以，产品销售量增长较为缓慢，加上产品生产批量小、生产成本较高、广告宣传费用开支较大，企业有可能出现亏损。

（2）风险比较大

由于产品处于初期发展阶段，销售额增长缓慢且不稳定，各种资源的投入比较高，因而新产品淘汰的风险、企业新产品开发投入难以收回的风险都比较大。

（3）竞争对手较少

一个产品初次进入市场，特别是那些新研制开发出来的品种，往往很少或没有竞争对手。

2. 营销策略

在这一时期，企业在确定营销策略时，一方面要充分认识到新产品的发展前景，明白昔时的高投入是为了今后的发展；另一方面又要考虑到风险性，采取一定的防范措施。在这一时期，企业最重要的是做出正确的判断，抓住时机采用有效的营销策略占领市场，形成批量规模，以便较快地进入成长期。在介绍期中可供企业选择的营销策略主要有四种。

（1）快速撇脂策略

即企业以高价格、高促销费用将新产品推向市场，以求尽快打开市场，提高市场占有率，迅速补偿开发投资费用并取得较高的利润。企业实施这种策略应具备三个条件：一是具有一定的经济实力，可以支付高额的促销费用；二是新产品确实有较大的潜在市场需求，而且可以抓住消费者使其愿意出高价去购买；三是面临潜在竞争者的威胁，需要尽快形成产品偏好群并建立品牌声誉。

（2）慢速撇脂策略

即企业以较高的价格、较低的促销费用将新产品推向市场，以期获得较多的利润。企业实施这种策略的条件是：新产品有效地填补了市场空白；没有现实竞争者而且潜在竞争威胁很小；购买者迫切需要并且愿意出高价购买。

（3）快速渗透策略

即企业以低价格、高促销费用将新产品推向市场，以求迅速占领市场，取得尽可能高的市场占有率。企业实施这种策略的条件是：新产品的市场潜力很大；消费者对它不了解但对价格比较敏感；面临潜在竞争对手的较大威胁；随着生产规模的扩大可以有效地降低单位生产成本。

（4）缓慢渗透策略

即企业以较低的价格、较低的促销费用将新产品推向市场。企业采取这种策略，可以用较低的价格提高产品的竞争能力、扩大市场占有率，依靠较低的促销费用减少经营成本、获得较高的盈利。企业实施这种策略的条件是：新产品的市场容量较大；消费者已经十分了解这种产品并且对价格非常敏感；存在着潜在竞争者的一定威胁。

（二）成长期的特点与营销策略

1. 成长期的主要特点

第一，新产品已经被消费者接受，因而需求量持续上升，分销渠道的建立推动了销售量迅速增长，产品已经在市场上站稳脚跟，市场占有率不断扩大。

第二，随着新产品基本定型并进入批量生产，规模效益开始呈现，随着新产品的市场声誉不断提高，促销压力有所减缓，随着生产和销售成本的下降，利润率持续上升。

第三，竞争者逐渐增多，竞争程度日趋激烈，有时还会出现假冒仿造者。

2. 营销策略

在这一时期，企业营销工作的重点是维持市场增长率，延长成长期，提高市场占有率，延续获取最大利润的时间。为了达到这些目标，企业可以采取以下五个方面的营销策略：

（1）着眼于促销改进

将广告宣传的重心从介绍产品转向树立产品形象上来，在不断扩大产品知名度的同时提高产品的美誉度，树立产品在消费者心目中的良好形象，以便形成稳固的品牌偏好群。

（2）着眼于产品改进

在改善产品质量的同时，根据消费者的需要努力开发新款式、新型号，提供良好的销售服务，吸引更多的购买者。

（3）着眼于市场开发

通过市场细分寻找新的尚未满足的市场部分，根据其需要安排好营销组合因素，迅速开辟和进入新的市场。

（4）着眼于分销改进

在巩固原有的分销渠道的同时增加新的分销渠道，与分销渠道上的成员建立更为协调的关系，促进产品的销售。

（5）着眼于价格调整

选准时机采取降价策略，以激发那些对价格比较敏感的消费者形成购买动机并采取购买行动。

（三）成熟期的特点与营销策略

1．成熟期的主要特点

（1）新产品已经被广大消费者接受，产品的销量达到了顶峰。

（2）市场潜力逐渐变小并趋于饱和，需求放慢，增长速度出现了下滑的迹象，进一步扩大市场份额的余地已经很小。

（3）市场竞争异常激烈，为了对付竞争对手、维护市场地位，营销成本有所增加，利润达到顶峰后逐渐下滑。

2．营销策略

在这一时期，企业营销工作的重点是稳定市场占有率，维持已有市场地位，通过各种改进措施尽量加长成熟期，以获得尽可能高的收益率。为了实现这些目标，企业可以采取以下三个方面的营销策略：

（1）市场改进策略，即企业通过发展产品新的用途、改进营销方式和开辟新的市场等途径扩大产品的销售量。

（2）产品改进策略，即企业通过改进产品来增加产品适应需求的能力，增强产品的市场竞争能力，扩大产品的销售量。这一策略可以通过对产品整体概念所包括的任何一个层次内容的改进来实现。

（3）市场营销组合改进策略，即企业通过对营销组合因素的综合调整及改进来提高企业适应需求的能力，增强市场竞争能力，扩大产品的销售量。

（四）衰退期的特点与营销策略

1．衰退期的主要特点

（1）消费者的消费习惯已发生改变，购买兴趣迅速转向了新产品。

（2）产品销量趋于迅速下降，企业被迫压缩生产规模。

（3）价格降到了最低水平，各种促销手段已经不起作用，多数企业无利可图，大量的竞争者放弃市场另谋生路，留下的企业处于维持状态。

2．营销策略

在这一时期，企业的决策者应该头脑冷静，既不要在新产品还未跟上来时就抛弃老产品，以致完全失去已有的市场和顾客；也不要死抱住老产品不放而错过机会，这样使企业陷入困境。在这一时期，企业可以采取以下三个方面的营销策略：

（1）维持策略

即企业继续沿用过去的营销策略，尽量把老产品的销售额稳定在一个水平上，或者把经营资源集中在最有利的细分市场的分销渠道上，以便减缓老产品退出市场速度，这样既可以为新产品研发上市创造一定的时间条件，同时又能从忠实于老产品的顾客中得到利润。

（2）收缩策略

即企业缩小生产规模，削减分销渠道，大幅度降低促销水平，尽量减少营销费用，以增加目前的利润，直到该产品完全退出市场。

（3）放弃策略

即企业对衰落比较迅速的产品，或当机立断完全放弃经营，或将其占用的资源逐渐转向其他的产品。

第四节　产品品牌与产品包装

一、产品品牌

（一）品牌含义及内容

1. 品牌的含义

品牌是一种名称、术语、标记、符号或设计，或是它们组合的运用，其目的是借以辨认某个销售者或某群销售者的产品和服务，并使之同竞争者的产品和服务区别开来。

品牌具有广泛的含义，它应该包括品牌名称、品牌标志和商标。品牌名称，是品牌中可用口语称呼的一部分，用于经营者及其产品的商业宣传活动；品牌标记，是品牌中可记认但无法用口语称呼的一部分，它包括符号、图案、独特的色彩或字体。某一产品的品牌名称与品牌标记的总和就是该产品的品牌；商标，是经有关政府机关注册登记受法律保护的整体品牌或该品牌的某一部分。

2. 品牌的内容

品牌从本质上说，是传递一种信息，一个品牌能表达六层意思。

（1）属性。一个品牌首先给人带来特定的属性。

（2）利益。消费者购买的是利益而不是属性，属性需要转换成功能和情感利益，属性耐用可以转化为功能利益。属性昂贵可以转化为情感利益。

（3）价值。品牌能体现某制造商的某种价值。

（4）文化。品牌可以附加和象征一种文化。

（5）个性。品牌还能代表一定的个性。

（6）使用者。品牌还体现购买或使用这种产品的是哪一类消费者，这一类消费者也代表一定的年龄、文化、个性，这对于公司细分市场、市场定位有很大帮助。所以，品牌是一个复杂的符号。一个品牌不单单是一种名称、术语、标记、符号或设计，或它们组合的运用，更重要的是品牌所传递的价值、文化和个性，它们奠定了品牌的基础。

3. 品牌的种类

品牌按照不同的分类标准，可分为不同类型。

（1）品牌按照使用主体不同可分为制造商品牌和中间商品牌

制造商品牌系由制造商对其产品自己命名的品牌，如"娃哈哈"，我国知名品牌中大多为制造商品牌。但一些大型的零售商和批发商也研发出自己的品牌，称为中间商品牌或渠道品牌或私人品牌。它们通常以较低的成本购买有过剩生产能力的企业的产品，然后使用自己的品牌。国外有的中间商品牌拥有自己的制造商，这些制造商专门为中间商生产产品，然后使用中间商品牌，这样使中间商获取较高利润。

（2）品牌按其辐射范围分为区域品牌、国内品牌、国际品牌

区域品牌是指一个区域之内的产品品牌，只在当地人中享有盛誉，拥有较高的地区市场占有率；国内品牌是指在国内知名度和美誉度都比较高的品牌，它相对区域品牌来说比较具有竞争力；国际品牌是指在国际市场上有较高知名度、美誉度的品牌，此类品牌具有很强的竞争力。

（3）品牌按其持续时间的长短可分为短期品牌、长期品牌、时代品牌

短期品牌是指品牌持续时间短，只在一段时间有一定知名度的品牌；长期品牌是随着产品的生命周期的更替而变化的品牌；时代品牌是指一个时代里经久不衰的品牌。

（二）品牌的作用

1. 品牌对生产者的作用

（1）有助于销售产品和占领市场

品牌一旦拥有一定的知名度和美誉度后，企业就可利用品牌优势扩大市场，促进消费者的品牌忠诚，品牌忠诚使企业在竞争中得到某些保护，并使它们在制订市场营销计划时具有较大的控制能力。知名品牌一般代表较高的质量和特定的性能，容易吸引新的消费者，从而降低企业的营销费用。

（2）有助于稳定产品的价格，降低价格弹性，减小经营风险

由于品牌具有排他专用性，在市场激烈竞争的条件下，一个强有力的知名品牌可以使消费者减少购买过程中的风险，同时，消费者也乐意为此多付出代价，保证企业销售量的稳定。而且品牌具有不可替代性，是产品差异化的重要因素，能减少价格对需求的影响程度。

（3）有助于市场细分和市场定位

品牌有自己的独特风格，除有助于销售外，还有利于企业进行市场细分，企业可以在不同的细分市场推出不同品牌以适应消费者的个性差异，更好地满足消费者需要。

（4）有助于新产品开发，节约新产品投入市场成本

一个新产品进入市场，风险是相当大的，而且投入成本也相当高，但是企业可以成功地进行品牌延伸，借助已成功或成名的名牌，扩大企业的产品组合或延伸产品线，采用现有的知名品牌，利用其一定知名度和美誉度，推出新产品，可以大大降低新产品的开发风险。

（5）有助于应对竞争者的进攻，保持竞争优势

新产品推向市场后，如果非常畅销，很容易被竞争者模仿，但品牌是企业特有的一种资产，它可通过注册得到法律保护。品牌忠诚是竞争者无法通过模仿得到的，当市场趋向成熟，市场份额相对稳定时，品牌忠诚是抵御行业竞争的最有力的武器。品牌忠诚也为其他企业构筑了壁垒。

（6）有助于塑造和宣传企业文化

品牌体现了一种企业文化，通过品牌可以宣传企业的精神，起着扩散企业文化的作用。

2. 品牌对消费者的作用

第一，有利于消费者识别产品的来源或产品的生产者，从而有利于保护消费者利益。保护消费者的合法权益是全社会的共同责任，消费者因购买、使用商品或者接受服务受到人身、财产损害的，享有依法获得赔偿的权利。同一品牌商品表明其应该达到同样的质量水平和其他指标，这样消费者在选购商品时只要认清品牌，就能够获得性能适当的商品，

如果性能低于应有的标准，消费者就可以与企业进行交涉，保护自己利益。

第二，有助于消费者选购商品，降低消费者购买成本。消费者经过长时间的积累，对品牌有一定的认知，他们很容易辨别哪类品牌适合自己，对品牌的了解大大减少了搜索相关信息的成本。品牌是一个整体概念，它代表着产品的品质、特色、服务，在消费者心中成为产品的标志，这就缩短了消费者识别产品的过程和购买的时间，从而降低了购买成本。

第三，品牌有利于消费者形成品牌偏好。消费者一旦形成品牌偏好，就可以增加消费者的认同和满足感，再继续购买该品牌时，就会认为他们购买了同类较好的商品，从而获得一种满足。

（三）品牌策略

1. 品牌成长的一般规律

每个企业都希望自己的品牌成长、壮大，直到成为名牌。从国内外许多著名的企业品牌的成长历程来看，虽各有特色，但都有共同的成长规律可循。

（1）企业品牌在适应市场需求中成长。

（2）企业品牌在激烈的市场竞争中成长。

（3）企业品牌在强化市场营销中成长。

（4）企业品牌在追求技术进步中成长。

2. 品牌策略

（1）品牌有无策略

企业决定是否给产品起名字、设计标志的活动就是企业的品牌有无决策。历史上，许多产品不用品牌，生产者和中间商把产品直接从桶、箱子和容器内取出来销售，不用任何辨别凭证。当今，无品牌的产品已经越来越少，像大豆、水果、蔬菜、大米和肉制品等过去从不使用品牌的商品，现在也被放在有特色的包装袋内，冠以品牌出售，以获得品牌化的利益。

尽管品牌化是商品市场发展的趋势，但对于单个企业而言，是否要使用品牌还必须考虑产品的实际情况，因为在获得品牌带来好处的同时，建立、维持、保护品牌也要付出巨大成本，如包装费、广告费、标签费和法律保护费等，所以，企业要认真分析利弊。

（2）品牌归属策略

企业决定使用品牌以后，就要涉及采用何种品牌，一般有三种选择：第一种是采用本企业的品牌；第二种是对制造商而言使用中间商的品牌；第三种是一部分产品使用生产者品牌，另一部分使用中间商品牌。

一般情况下，品牌是制造商的产品标记。制造商决定产品的设计、质量、特色等。享有盛誉的制造商还将其商标租借给其他中小制造商，收取一定的特许使用费。近年来，西方国家许多享有盛誉的百货公司、超级市场、服装商店等都使用自己的品牌，有些著名商家（如美国的沃尔玛）经销的90%商品都用自己的品牌。同时，强有力的批发商中也有许多使用自己的品牌，增强对价格、供货时间等方面的控制能力。

（3）品牌名称策略

企业决定其所有产品是使用一个品牌，还是不同产品分别使用不同品牌的过程，就是品牌名称决策。品牌名称策略大致有以下四种可能的选择：

①统一品牌，即企业的所有产品都使用同一种品牌。对于那些享有较高声誉的著名企业，所有产品采用统一品牌名称可以充分利用其名牌效应，使企业所有产品都能获得一定的市场优势。这有利于降低企业宣传介绍新产品的费用开支，有利于新产品进入市场，有利于显示企业整体实力，塑造企业形象。

②个别品牌，即企业决定每个产品使用不同的品牌。采用个别品牌名称，为每种产品寻求不同的市场定位，有利于增加销售额和对抗竞争对手，还可以分散风险，使企业的整个声誉不会因某种产品表现不佳而受到影响。

③分类品牌，企业使用这种策略，一般是为了区分不同大类的产品，一个产品六类下的产品使用共同的品牌，以便在不同大类产品领域中树立各自的品牌形象，有时即使在同一类产品中，由于品质等级的差异，不同的等级也要使用不同的品牌。

④个别品牌名称与企业名称并用，即企业决定其不同类别的产品分别采取不同约品牌名称，且在品牌名称之前都加上企业的名称。企业多把此种策略用于新产品的开发。在新产品的品牌名称上加上企业名称，可以使新产品享受企业的声誉，而采用不同的品牌名称，又可使各种新产品显示出不同的特色。

（4）品牌再定位策略

一种品牌最初在市场上的定位是适宜的、成功的，但是后来由于环境的变化，企业可能不得不对之重新定位。竞争者可能继企业品牌之后推出其自己的品牌，并使企业的市场份额大大减小，顾客偏好也会转移，使对企业产品的需求减少，或者公司决定进入新的细分市场。为了维持企业的市场份额，保持企业竞争力，可以实施再定位策略。

（5）品牌延伸策略

品牌延伸是指将一个现有的品牌名称使用到一个新类别的产品上，即将现有的成功品牌，用于新产品或修正过的产品上的一种策略。

品牌延伸的优势：可以加快新产品的定位，保证新产品投资决策的快捷准确；有助于减少新产品的市场风险；品牌延伸有助于强化品牌效应，增加品牌这一无形资产的经济价值；品牌延伸能够增强核心品牌的形象，能够提高整体品牌组合的投资效益。

品牌延伸策略的缺点：如果某一产品出现问题就会损害原有品牌形象，一损俱损；有悖消费心理；实行延伸会影响原有强势品牌在消费者心目中的特定心理定位；容易形成此消彼长的"跷跷板"现象。

（6）多品牌策略

多品牌策略指企业为同一种产品设计两种或两种以上相互竞争的品牌。这种策略有助于壮大企业声势，适应消费者不同的需求，挤压竞争者产品，还有利于提高市场占有率，分散企业风险。

企业实施多品牌策略必须考虑企业的盈利水平，因为品牌建立需要一定的资源投入，若不能获得相应的市场份额，就会影响企业的经济效益。同时，还要注意协调好多品牌之间的矛盾。

二、产品包装

包装是产品策略的重要组成部分，它不但保证了产品的使用价值，而且还增加了产品的价值，良好的包装是获得市场竞争力的有效手段。

（一）包装的含义、种类和作用

1. 包装的含义

包装是指设计并生产容器或包装物的一系列活动。它包括两层含义：一是指盛放或包裹产品的容器或包扎物；二是指设计、生产容器或包扎物并将产品包裹起来的一系列活动。在现实生活中，除了极个别产品不采用包装以外，其余的产品都要进行包装。只有设计好合适的包装，并将产品包装起来，产品的生产过程才算完成。

2. 包装的种类

第一，按包装在流通过程中的作用，包装可分为运输包装和销售包装。①运输包装又称外包装或大包装，是指为了适应储存、搬运过程的需要所进行的包装，主要有纸箱、袋装、防潮、防震装置等包装方式。②销售包装又称内包装或小包装，指为了顾客便于携带、使用、陈列的产品包装。这类包装一般美观大方，它不仅能保护产品，而且能更好地美化和宣传产品，吸引顾客，方便顾客。

第二，按包装所处的层次不同可分为：①首要包装，即产品的直接包装，如牙膏皮、香烟盒等；②次要包装，即保护着首要包装的包装物，如牙膏盒、香烟的条包装；③装运包装，即为便于储运、装卸和防止破损而进行的包装。

第三，按包装技术可分为防水包装、防潮包装、防锈包装、缓冲包装、真空包装等。

3. 包装的作用

现实生活中，包装已成为强有力的营销手段，设计良好的包装能为消费者创造方便价值，为生产者创造促销价值。包装对于企业有着重要的作用。

（1）保护商品，便于储运

产品包装最基本的功能便是保护商品，便于储存和运输。有效的产品包装可以起到防潮、防挥发、防污染、保鲜、防变形等一系列保护产品的作用。

（2）包装能美化商品，吸引顾客

随着社会的进步，消费者收入的增加，消费者不仅注意产品内在质量，而且注意产品外包装，并愿意为良好包装支付更多的钱。同时，良好的包装还能传达有关产品质量、性能等方面的信息，吸引消费者购买。

（3）包装还能提供创新的机会

包装的创新能够给消费者带来巨大的好处，也给生产者带来了利润。

（二）包装设计的原则和要求

由于产品包装的用途不同，对各类包装的要求也不同。为合理、充分地发挥产品包装的作用，在设计过程中必须遵循一些原则和要求。

1. 基本原则

（1）安全原则

包装的主要目的是保护商品，安全是产品包装设计必须考虑的首要原则。因此，包装材料的选择及包装物的制作必须符合产品的物理、化学、生物性能，以确保产品不损坏、不变质、不变形、不渗漏等。

（2）美观有特色原则

销售包装具有美化商品的作用，因此，在设计上要求外形新颖、大方、美观，具有较强的艺术性，并具有较强的个性。

（3）经济原则

在符合营销策略的前提下，应尽量降低包装成本。要克服那种华而不实的经营作风，注意节约，努力降低产品销售价格。

2. 具体要求

产品的包装除了遵循以上基本原则外，还要符合以下要求：

（1）显示产品的特色和风格，准确地传递商品信息

包装上的文字、图案、色彩均应与商品的特色和风格相一致。比如，对于选购时不宜打开包装和用眼看、手摸的方式进行判断的商品，应考虑在包装上附商品彩色照片或用文字、图案对商品进行说明和展示。

（2）包装应与商品的价值和质量相配合

应根据产品质量档次，配上与之相适应的包装，避免出现一等商品、二等包装的尴尬局面。

（3）包装的形状、结构、大小应为运输、携带、保管、使用提供方便

如对于液体、胶状类商品，可考虑采用喷射式包装；对于经常携带的商品，可采用手提包式包装等。

（4）包装设计应适合消费者心理

包装设计应美观、新颖、形象生动，同时又应力求避免在消费者中产生不好的联想。因此，企业应考虑不同消费者的消费心理，在此基础上设计和选用包装。

（5）尊重消费者的宗教信仰和风俗习惯

不同国家、不同民族以及不同亚文化群都可能具有不同的宗教信仰和风俗习惯，对此应予以尊重。包装设计时切记避免出现有损消费者宗教感情，引起消费者忌讳的文字和图案。

（6）符合法律规定

必须遵守国家法律对于产品包装袋的要求，避免出现违反法律的包装设计，否则会给企业带来巨大的损失。

（三）包装策略

包装作为整体产品的一部分，企业在设计、制造和销售中应配合整个市场营销策略，

采用相应的包装策略。

1. 类似包装策略

产品信誉较高的生产经营企业，对其生产的产品采用相同的图案、近似的色彩、相同的包装材料和相同的造型进行包装，便于顾客识别出本企业产品。类似包装不但具有促销的作用，企业还可因此而节省包装的设计、制作费用。但类似包装策略只能适用于质量相同的产品，对于品种差异大、质量水平悬殊大的产品则不宜采用该策略。

2. 配套包装策略

按不同的消费者习惯，将企业生产经营的有关联的产品放在同一包装中，既便于消费者购买、使用和携带，又可扩大产品的销售。在配套产品中如加进某种新产品，可使消费者不知不觉地习惯使用新产品，有利于新产品上市和普及。

3. 再使用包装策略

再使用包装策略指产品使用完后，包装物还可以用于其他的用途。如各种形状的香水瓶可做装饰物，罐头的外包装可用作茶杯或者作为其他容器等。这种包装策略可使消费者感到一物多用而引起其购买欲望，而且包装物的重复使用也起到了对产品的广告宣传作用。但是，企业要谨慎使用该策略，避免因成本加大导致商品价格过高而影响产品的销售。

4. 附赠品包装策略

在商品包装物内附赠奖券或实物，以诱发消费者购买，或包装本身可以换取礼品，引起顾客的惠顾效应，让顾客重复购买。

5. 不同容器包装策略

不同容器包装策略主要根据产品的性质及消费者的使用习惯，设计不同形式、不同重量、不同体积的包装。如将大米包装设计成 5 kg、10 kg、20 kg 等不同重量的包装，适应了不同消费者的购买习惯。

6. 改变包装策略

改变包装策略即改变和放弃原有的产品包装，改用新的包装。由于包装技术、包装材料的不断更新，消费者的偏好不断变化，采用新的包装以弥补原包装的不足。同时，企业在改变包装的过程中，必须配合好宣传工作，以消除消费者以为产品质量下降等误解。

第五节　新产品开发

一、新产品的概念

（一）新产品的含义

市场营销意义上的新产品含义很广，除包含因科学技术在某一领域的重大发现所产生的科技新产品外，还包括在生产销售方面，只要在功能或形态上比老产品有明显改进，或者是采用新技术原理，新设计构思，从而显著提高性能或扩大使用功能的产品，甚至只是产品从原有市场进入新的市场，都可视为新产品。

现代市场营销观念下的新产品概念是指凡是在产品整体概念中的任何一个部分有所创新、改革和改变，能够给消费者带来新的利益和满足的产品，都是新产品。

（二）新产品的分类

按不同的划分标准，新产品可以分为不同的种类。

1. 按产品研究开发过程划分

（1）全新产品

这是指应用新原理、新技术、新材料制造出前所未有、能满足消费者一种新需求的产品。它占新产品的比例为10%左右。

（2）改进型产品

这是指在原有产品的基础上进行改进，使产品在结构、品质、功能、款式、花色及包装上具有新的特点和新的突破的产品。改进产品有利于提高原有产品的质量或产品多样化，满足消费者对产品更高的要求，或者满足不同消费者的不同需求。它占新产品的比例为26%左右。

（3）模仿型产品

这是指企业对国内外市场上已有的产品进行模仿生产，形成本企业的新产品。这类产品占新产品的比例为20%左右。

（4）降低成本型产品

这是指企业通过新科技手段，削减原产品的成本，但保持原有功能不变的新产品。这类产品占新产品的 11% 左右。

（5）重新定位型产品

这是指企业的老产品进入新的市场而被该市场称为新产品。该类产品占新产品的 7% 左右。

2. 按地区、范围来划分

（1）世界性新产品

这是指世界上第一次试制成功并生产和销售的产品。

（2）全国性新产品

这是指在国内试制生产并投入市场的产品。

（3）地区性新产品

这是指在其他地区已投入生产，但本企业所在地区是首次试制成功并投入市场的产品。

（4）企业新产品

这是指企业采用引进或仿制的方法首次生产和销售的产品。

二、开发新产品的必要性

（一）产品生命周期理论要求企业不断开发新产品

企业也存在着生命周期，如果企业不开发新产品，当老产品走向衰退时企业也同样走到了生命周期的终点。相反，企业如能不断开发新产品，就可以在原有产品退出市场舞台时利用新产品占领市场。一般而言，当一种产品投放到市场时，企业就应当着手设计新产品，使企业在任何时期都有不同产品处在周期的各个阶段上，从而保证企业盈利的稳定增长。

（二）消费需求的变化需要不断开发新产品

随着生产的发展和人们生活水平的提高，消费需求也在不断地发生着变化，产品的生命周期日益缩短。这一方面给企业带来了威胁，另一方面也为企业提供了开发新产品适应市场变化的机会。

（三）市场竞争的不断加剧迫使企业不断开发新产品

现代市场上企业间的竞争日趋激烈，企业要想在市场上保持竞争优势，只有不断创新、开发新产品才能在市场上占据领先地位。

（四）科学技术的发展推动企业不断开发新产品

科学技术的迅速发展，促进了许多高科技新产品的出现，加快了产品更新换代的速度，导致了产品生命周期的缩短、消费需求的发展变化、企业间竞争的加剧，推动着企业不断开发新产品。企业只有不断运用新的科学技术改造自己的老产品、开发新产品才不至于被挤出市场的大门。

总之，在科学技术飞速发展的今天，在瞬息万变的国内国际市场中，在竞争越来越激烈的环境下，开发新产品是企业应付各种突发事件、确保企业长期生存与发展的重要条件。

三、新产品的开发程序

一个新产品从独立构思到开发研制成功，其过程主要经历创意产生、甄别创意、形成产品概念、初拟营销规划、营业分析、产品开发、市场试销和商业化八个阶段。

（一）创意产生

创意产生即提出新产品的设想方案，产生一个好的新产品构思或创意是新产品成功的关键。企业通常可以从企业内部和企业外部寻找新产品创意的来源。

1. 产品属性列举法

指将现有产品的属性一一列出，寻求改良这种产品的方法。

2. 强行关系法

指列出多个不同的产品或物品，然后考虑他们彼此之间的关系，从中启发更多的创意。

3. 调查法

即向消费者调查使用某种产品时出现的问题或值得改进的地方，然后整理意见，转化为创意。

4. 头脑风暴法

即选择专长各异的人员进行座谈，集思广益，以发现新的创意。

（二）甄别创意

所谓甄别创意，就是对取得的创意加以评估，研究其可行性，并筛选出可行性较高的创意。创意甄别的目的就是淘汰那些不可行或可行性较低的创意，使公司有限的资源集中于成功机会较大的创意上。

甄别创意时，一般要考虑以下因素：一是环境条件，涉及市场的规模与构成、产品的竞争程度与前景、国家的法律与政策规定等方面；二是企业的战略任务、发展目标和长远利益，涉及企业的战略任务、利润目标、销售目标、形象目标等方面；三是企业的开发与实施能力，包括经营管理能力、人力资源、资金能力、技术能力、销售能力等方面。在甄别创意的过程中，企业要尽量避免误舍与误用。误舍就是将有发展前景、适销对路的新产品构思舍弃；误用则是将没有什么发展前景的产品构思付诸实施。这两种失误都会给企业造成重大损失。

（三）形成产品概念

产品创意，是企业从自身角度考虑的它可能向市场提供的产品的构想，是抽象的、模糊的、未成型的产品构思。经过甄别后保留下来的产品创意，必须经过进一步开发、完善才能形成产品概念。产品概念则是企业从消费者的角度对特定创意的详尽描述，是具体化、明确化、已经成型的产品构思。

从产品创意到产品概念一般要经过两个步骤：第一个步骤是产品设计，任务是将产品创意用文字、图形、模型等明确地表现为产品的几种设计方案；第二个步骤是产品鉴定，任务是结合市场定位对每一个产品的几种设计方案进行认真评价修改，通过产品概念的市场试验了解顾客的反应，进一步完善设计方案后加以定型。

（四）初拟营销规划

产品概念形成后，企业的有关人员应该拟订一个新产品的营销规划草案。新产品的营销规划草案由三个部分组成：第一，说明目标市场的规模、结构、行为、新产品的市场定位，未来几年的销售额、市场占有率、利润率等；第二，略述新产品的计划价格、分销渠道、促销方式以及第一年的市场营销预算；第三，阐述新产品的远景、发展情况并提出设想，如长期销售额和利润额目标、产品生命周期不同阶段的营销组合策略等。

（五）营业分析

在这一阶段中，企业应该在营销规划草案的基础上，对新产品未来的销售情况、经营成本和利润率做出进一步的评估，判断其是否符合企业目标的要求，以便决定是否进入新产品的正式开发阶段。

1. 预测新产品的销售情况

企业的财务部门和综合平衡部门可以参照以往开发新产品的情况，比照市场上类似产品的销售发展历史，通过分析竞争因素和市场条件，推算出新产品的销售情况。企业应该着重预测新产品三方面的销售情况。

（1）上市销售量

这要根据新产品的市场潜力和市场渗透率来做出推断。

（2）重复购买率

通过预测重复购买率，可以估计新产品（特别是非耐用品）的销售稳定性和生命周期长短。

（3）未来可能达到的最高和最低销售水平

预测未来的最高和最低销售量，有助于企业了解将承担的风险和可能达到的盈利水平。

2. 推算新产品的成本和利润率

企业的财务部门和综合平衡部门，首先应对新产品的开发费用、新产品进入市场可能发生的各项营销费用以及各项支出做出预算；进而把这些费用综合起来计算出新产品的开发的总成本；最后根据新产品开发总成本和销售情况预测各年度的销售利润率。

（六）产品开发

通过营业分析后，研究开发部门、工程技术部门就可以进入研究试制阶段，只有通过研究试制阶段才能把抽象的产品概念转化为实体形态的产品模型或样品。

在产品概念转化为产品模型或样品后，还要对其进行严格的功能试验和消费者试验。功能试验是在实验室和现场进行的，主要测试新产品的功能性与安全性是否达到了规定的质量标准。消费者试验是把一些样品交给消费者试用以征求他们对新产品的意见，目的是发现新产品使用中的问题并进行必要的改进。只有通过试验过程才能真正检验新产品概念在技术上和商业上是否可行。如果不可行，这项新产品的开发工作就要终止，所耗费的资金也将全部付之东流。

（七）市场试销

所谓试销，就是企业将新产品与品牌、包装和初步市场营销方案组合起来，然后把新产品小批量投入市场，以检验新产品是否真正受市场欢迎的过程。试销的目的主要有三个：第一，了解消费者和经销商对新产品的反应，如果反应不佳可以停止投产，以减少盲目大批量上市造成的损失；第二，通过试销收集信息，为下一步的营销活动提供依据，以提高市场营销决策的合理性；第三，在试销的过程中，可以发现新产品存在的问题，以便加以改进。

应注意的是，并非所有新产品都必须经过试销，如果企业已经通过各种方式收集到了消费者和经销商的意见，并已经根据这些意见对新产品和营销组合方案进行了改进，而且对新产品的市场潜力有比较准确的把握，就可以不经试销直接大量投放市场。

（八）商业化

新产品试销成功后，就可以正式批量生产，全面推向市场。而企业在此阶段应在以下几方面做好决策：

1. 何时推出新产品，即在什么时候将产品推入市场最适宜。针对竞争者而言，可以做三种选择：首先进入、平行进入和后期进入。

2. 何地推出新产品，企业必须制订详细的上市计划，如营销组合策略、营销预算、营销活动的组织和控制等。

3. 向谁推出新产品，企业把分销和促销目标面向最理想的消费者，利用他们带动其他消费者。

4. 如何推出新产品，即企业制订较为完善的营销综合方案，有计划地进行营销活动。

四、新产品的推广策略

人们对新产品的接受过程，存在一定的规律性，西方学者总结归为五个阶段，即"认识—说服—决策—实施—证实"。根据这些阶段的特点，在推广新产品时可以采取以下几种策略：

（一） 市场导向策略

市场导向策略即新产品投放市场，促销活动重点应该是向消费者宣传和介绍产品的用途、性能、质量，其主要手段有报纸、杂志、广播、电视等，引导和说服消费者购买新产品。

（二） 技术领先型策略

技术领先型策略即企业以掌握的先进技术，生产出具有科技含量较高的新产品，推入市场时着重展示产品的技术含量。

（三） 竞争性模仿策略

竞争性模仿策略即新产品进入市场时可以采纳或模仿成功品牌经验。如外形、色彩、营销策略等。

（四） 综合型策略

综合型策略即新产品投入市场可将市场导向、技术导向、竞争性模仿等策略结合起来使用。

第四章 市场营销理论的类型

第一节 顾客让渡价值理论

顾客让渡价值理论认为顾客将从那些他们认为提供最高顾客让渡价值的公司购买商品或服务。

顾客让渡价值是指顾客获得的总价值与顾客为之付出的总成本之间的差距。顾客满意度是由其所获得的让渡价值大小决定的。

顾客让渡价值=顾客总价值-顾客总成本

一、顾客总价值

顾客总价值是指顾客购买某一产品与服务所期望获得的全部利益，它包括产品价值、服务价值、人员价值和形象价值等。

（一）产品价值

产品价值是由产品的功能、特性、品质、品种与式样等所产生的价值。它是顾客需要的中心内容，也是顾客选购产品的首要因素。因而一般情况下，它是决定顾客购买总价值大小的关键和主要因素。产品价值是由顾客需要来决定的。

（二）服务价值

服务价值是指伴随产品实体的出售，企业向顾客提供的各种附加服务，包括产品介绍、送货、安装、调试、维修、技术培训、产品保证等所产生的价值。服务价值是构成顾客总价值的重要因素之一。

（三）人员价值

人员价值是指企业员工的经营思想、知识水平、业务能力、工作效益和质量、经营作风、应变能力所产生的价值。企业员工直接决定着企业为顾客提供的产品与服务的质量，决定着顾客购买总价值的大小。

（四）形象价值

形象价值是指企业及其产品在社会公众中形成的总体形象所产生的价值，包括企业的产品、技术、包装、商标、工作场所等所构成的有形形象所产生的价值，公司及其员工的职业道德行为、经营行为、服务态度、作风等行为形象所产生的价值，以及企业的价值观念、管理哲学等理念形象所产生的价值等。形象价值与产品价值、服务价值、人员价值密切相关，在很大程度上是上述三个方面价值综合作用的反映和结果，形象对于企业来说是宝贵的无形资产，良好的形象会对企业的产品产生巨大的支持作用，赋予产品较高的价值，从而带给顾客精神上和心理上的满足感、信任感，使顾客的需要获得更高层次和更大限度的满足，从而增加顾客购买的总价值。

二、顾客总成本

顾客总成本是指顾客为购买某一特定产品或服务所耗费的时间、精神、体力以及所支付的货币资金等，它包括货币成本、时间成本、精神成本和体力成本等。一般情况下，顾客购买产品时首先要考虑货币成本的大小，因此，货币成本是构成顾客总成本大小的主要和基本因素。在货币成本相同的情况下，顾客在购买时还要考虑所花费的时间、精神、体力等，因此，这些支出也是构成顾客总成本的重要因素。这里我们主要考察后面几种成本。

（一）时间成本

时间成本是顾客购买或享受某种服务时所耗费的时间。在顾客总价值与其他成本一定的情况下，时间成本越低，顾客购买的总成本就越小，从而顾客让渡价值越大。

（二）精力成本

精力成本（精神与体力成本）是指顾客购买产品时，在精神、体力方面的耗费与支出。在顾客总价值与其他成本一定的情况下，精神与体力成本越小，顾客为购买产品所支出的总成本就越低，从而顾客让渡价值越大。

三、顾客让渡价值的意义

企业树立顾客让渡价值观念，对于加强市场营销管理，提高企业经济效益具有十分重要的意义。

首先，顾客让渡价值的多少受顾客总价值与顾客总成本两方面因素的影响。其中顾客总价值是产品价值、服务价值、人员价值和形象价值等因素的函数，其中任何一项价值因素的变化都会影响顾客总价值。顾客总成本是包括货币成本、时间成本、精力成本等因素的函数，其中任何一项成本因素的变化均会影响顾客总成本，由此影响顾客让渡价值的大小。同时，顾客总价值与总成本的各个构成因素的变化及其影响作用不是各自独立的，而是相互作用、相互影响的。某一项价值因素的变化不仅影响其他相关价值因素的增减，从而影响顾客总成本的大小，而且还影响顾客让渡价值的大小；反之，亦然。因此，企业在制定各项市场营销决策时，应综合考虑构成顾客总价值与总成本的各项因素之间的这种相互关系，从而用较低的生产与市场营销费用为顾客提供具有更多的顾客让渡价值的产品。

其次，不同的顾客群对产品价值的期望与对各项成本的重视程度是不同的。企业应根据不同顾客的需求特点，有针对性地设计和增加顾客总价值，降低顾客总成本，以提高产品的实用价值。例如，对于工作繁忙的消费者而言，时间成本是最为重要的因素，企业应尽量缩短消费者从产生需求到具体实施购买，以及产品投入使用和产品维修的时间，最大限度地满足和适应其求速求便的心理要求。

最后，企业为了争取顾客，战胜竞争对手，巩固或提高企业产品的市场占有率，往往采取顾客让渡价值最大化策略。追求顾客让渡价值最大化的结果却往往会导致成本增加，利润减少。因此，在市场营销实践中，企业应掌握一个合理的界限，而不应片面追求顾客让渡价值最大化，以确保实行顾客让渡价值所带来的利益超过因此而增加的成本费用。换言之，企业顾客让渡价值的大小应以能够实现企业的经营目标为原则。

第二节 网络营销与关系营销

一、网络营销

网络营销并不是单纯指网上直接销售，它包括企业上网宣传、网上市场调查、网络分销等许多层面。正确深入地理解网络营销，需要在了解网络营销背景的基础上，理解其实施层次及每个层次的特征、实现条件与主要活动，全面把握其所处的环境、特点、功能与核心思想。

网络营销是企业营销战略中的一个重要组成部分。企业需要根据信息化社会的营销环境和技术特点，将网络营销与传统营销进行有效的结合；另一方面，企业特别是中小企业，必须结合自身实际，确定适宜的网络营销模式、目标，选择相应的网络营销方法，充分利用网络营销工具和互联网资源，以最低的成本投入，获得最优的营销效果。

（一）网络营销的含义

网络营销就是以国际互联网络为基础，利用数字化的信息和网络媒体的交互性来辅助营销目标实现的一种新型的市场营销方式。

网络营销并不单纯指网上直接销售，它包括企业上网宣传、网上市场调查、网络分销等许多层面。正确深入地理解网络营销，需要在了解网络营销产生背景的基础上，理解其实施层次及每个层次的特征、实现条件与主要活动，全面把握其所处的环境、特点、功能与核心思想。

网络营销是企业营销战略中的一个重要组成部分。企业需要根据信息化社会的营销环境和技术特点，将网络营销与传统营销进行有效的整合，将人员推销、市场调查、广告促销、经销代理等传统营销手法，与互联网相结合；另一方面，企业特别是中小企业，必须结合自身实际，确定适宜的网络营销模式、目标，选择相应的网络营销方法，充分利用网络营销工具和互联网资源，以最低的成本投入，获得最优的营销效果。

（二）网络营销的特点

随着互联网技术发展的成熟以及联网成本的降低，互联网好比是一种"万能胶"将企业、团体、组织以及个人跨时空联结在一起，使得他们之间信息的交换变得"唾手可得"。市场营销中最重要也最本质的是组织和个人之间进行信息传播和交换。如果没有信息交换，那么交易也就是无本之源。正因如此，互联网具有营销所要求的某些特性，使得网络营销呈现出以下一些特点：

1. 时域性

营销的最终目的是占有市场份额，由于互联网能够超越时间约束和空间限制进行信息交换，使得营销脱离时空限制进行交易变成可能，企业有了更多时间和更大的空间进行营销，可每周 7 天，每天 24 小时随时随地提供全球性营销服务。

2. 多媒体

互联网被设计成可以传输多种媒体的信息，如文字、声音、图像等信息，使得为达成交易进行的信息交换能以多种形式存在和交换，可以充分发挥营销人员的创造性和能动性。

3. 交互式

互联网通过展示商品图像，商品信息资料库提供有关的查询，来实现供需互动与双向沟通。还可以进行产品测试与消费者满意调查等活动。互联网为产品联合设计、商品信息发布，以及各项技术服务提供最佳工具。

4. 个性化

互联网上的促销是一对一的、理性的、消费者主导的、非强迫性的、循序渐进式的，而且是一种低成本与人性化的促销，避免推销员强势推销的干扰，并通过信息提供与交互式交谈，与消费者建立长期良好的关系。

5. 超前性

互联网是一种功能最强大的营销工具，它同时兼具渠道、促销、电子交易、互动顾客服务，以及市场信息分析与提供的多种功能。它所具备的一对一营销能力，正是符合定制营销与直复营销的未来趋势。

6. 高效性

计算机可储存大量的信息，代消费者查询，可传送的信息数量与精确度，远超过其他媒体，并能因应市场需求，及时更新产品或调整价格，因此能及时有效地了解并满足顾客的需求。

7. 经济性

通过互联网进行信息交换，代替以前的实物交换，一方面可以减少印刷与邮递成本，可以无店面销售，免交租金，节约水电与人工成本；另一方面可以减少由于迂回多次交换带来的损耗。

8. 技术性

网络营销是建立在高技术作为支撑的互联网的基础上的，企业实施网络营销必须有一定的技术投入和技术支持，改变传统的组织形态，提升信息管理部门的功能，引进懂营销与计算机技术的复合型人才，未来才能具备市场的竞争优势。

（三）网络营销的方法

网络营销的职能的实现需要通过一种或多种网络营销手段，常用的网络营销方法主要有：

1. 搜索引擎注册与排名

调查表明，搜索引擎仍是人们发现新网站的基本方法。因此，在主要的搜索引擎上注册并获得最理想的排名，是网站设计过程中就要考虑的问题之一，网站正式发布后尽快提交到主要的搜索引擎，是网络营销的基本任务。现在的搜索引擎优化（SEO）就是其最有效的方法之一。

2. 交换链接

交换链接或称互惠链接，是具有一定互补优势的网站之间的简单合作形式，即分别在自己的网站上放置对方网站的 LOGO 或网站名称并设置对方网站的超级链接，使得用户可以从合作网站中发现自己的网站，达到互相推广的目的。交换链接的作用主要表现在几个方面：获得访问量、增加用户浏览时的印象、在搜索引擎排名中增加优势、通过合作网站的推荐增加访问者的可信度等。更重要的是，交换链接的意义已经超出了是否可以增加访问量，比直接效果更重要的在于业内的认知和认可。

3. 网络广告

几乎所有的网络营销活动都与品牌形象有关，在所有与品牌推广有关的网络营销手段中，网络广告的作用最为直接。标准标志广告（Banner）曾经是网上广告的主流（虽然不是唯一形式），网络广告领域发起了一场轰轰烈烈的创新运动，新的广告形式不断出现，新型广告由于克服了标准条幅广告条承载信息量有限、交互性差等弱点，因此获得了相对比较高一些的点击率。

4. 信息发布

信息发布既是网络营销的基本职能，又是一种实用的操作手段，通过互联网，不仅可以浏览到大量商业信息，同时还可以自己发布信息。最重要的是将有价值的信息及时发布在自己的网站上，以充分发挥网站的功能，比如，新产品信息、优惠促销信息等。

5. 个性化营销

个性化营销的主要内容包括：用户定制自己感兴趣的信息内容、选择自己喜欢的网页设计形式、根据自己的需要设置信息的接收方式和接受时间，等等。个性化服务在改善顾客关系、培养顾客忠诚以及增加网上销售方面具有明显的效果。据研究，为了获得某些个性化服务，在个人信息可以得到保护的情况下，用户才愿意提供有限的个人信息，这正是开展个性化营销的前提保证。

6. 会员制营销

会员制营销已经被证实为电子商务网站的有效营销手段，国外许多网上零售型网站都实施了会员制计划，几乎已经覆盖了所有行业，国内的会员制营销还处在发展初期，不过已经看出电子商务企业对此表现出的浓厚兴趣和旺盛的发展势头。

7. 网上商店

建立在第三方提供的电子商务平台上、由商家自行经营网上商店，如同在大型商场中租用场地开设专卖店一样，是一种比较简单的电子商务形式。网上商店除了通过网络直接销售产品这一基本功能之外，还是一种有效的网络营销手段。从企业整体营销策略和顾客的角度考虑，网上商店的作用主要表现在两个方面：一方面，网上商店为企业扩展网上销售渠道提供了便利的条件；另一方面，建立在知名电子商务平台上的网上商店增加了顾客的信任度，从功能上来说，对不具备电子商务功能的企业网站也是一种有效的补充，对提升企业形象并直接增加销售具有良好效果，尤其是将企业网站与网上商店相结合，效果更为明显。

8. 网络视频营销

通过数码技术将产品营销现场实时视频图像信号和企业形象视频信号传输至 Internet 网上。客户只需上网登录公司网站就能看到对公司产品和企业形象进行展示的电视现场直播。

二、关系营销

关系营销是把营销活动看成是一个企业与消费者、供应商、分销商、竞争者、政府机构及其他公众发生互动作用的过程，企业营销活动的核心是建立并发展这些公众的良好关系。

关系营销的指导思想是怎样使用户成为自己长期的顾客，并共同谋求长远战略发展，其核心在于消费者与企业间一种连续性的关系。公司不是创造购买，它们要建立各种关系。关系营销的目的在于同顾客结成长期的、相互依存的关系，发展顾客与企业产品之间的连续性的交往，以提高品牌忠诚度和巩固市场，促进产品持续销售。关系营销与其他交易营销所不同的特点表现在：关系营销注重保留顾客，以产品利益为导向，高度强调顾客服务，积极促进顾客的参与，发展高度的顾客关系，认为质量是所有方面都要考虑的问题，重视环境的影响及长期的积累。关系营销有几个方面的重要内容：

（一）关系营销的含义

关系营销是以系统论为基本思想，将企业置身于社会经济的大环境中来考察企业的市场营销活动，建立并发展与消费者、竞争者、供应者、分销商、政府机构和社会组织的良好关系。关系营销将建立与发展同所有利益相关者之间的关系作为企业营销的关键，把正确处理这些关系作为企业营销的核心。关系营销是以科学理论和方法为指导的新型营销观念，其产生是营销理论的又一个里程碑。

关系营销的本质特征可以概括为以下几个方面：

1. 双向沟通

在关系营销中，沟通应该是双向而非单向的。只有广泛的信息交流和信息共享，才可能使企业赢得各个利益相关者的支持与合作。

2. 合作

一般而言，关系有两种基本状态，即对立和合作。只有通过合作才能实现协同，因此，合作是"双赢"的基础。

3. 双赢

关系营销旨在通过合作增加关系各方的利益，而不是通过损害其中一方或多方的利益来增加其他各方的利益。

4. 亲密

关系能否得到稳定和发展，情感因素也起着重要作用。因此，关系营销不只是要实现物质利益的互惠，还必须让参与各方能从关系中获得情感的需求满足。

5. 控制

关系营销要求建立专门的部门，用以跟踪顾客、分销商、供应商及营销系统中其他参与者的态度，由此了解关系的动态变化，及时采取措施消除关系中的不稳定因素和不利于关系各方利益共同增长因素。

（二）关系营销的类型和层次

1. 关系营销的类型

关系营销把一切内部和外部利益相关者纳入研究范围，用系统的方法考察企业所有活动及其相互关系。

（1）企业内部的关系

明智的企业高层领导心中装有两个"上帝"，一个"上帝"是顾客，另一个"上帝"是员工。企业要进行有效的营销，首先要有具备营销观念的员工，能够正确理解和实施企业的战略目标和营销组合策略，并能自觉地以顾客为导向的方式进行工作。企业要尽力满足员工的合理要求，为关系营销奠定良好的基础。

（2）企业与竞争者的关系

企业所拥有的资源条件不尽相同，往往是各有所长、各有所短。为了有效地通过资源共享实现发展目标，企业要善于与竞争对手和睦共处，并和有实力的、有良好营销经验的竞争者进行合作。

（3）企业与顾客的关系

以营利为目的的企业必须依赖顾客。企业需要通过收集和积累大量市场信息，预测目标市场购买潜力，采取适当的方式与消费者沟通，变潜在顾客为现实顾客。同时，要致力于建立数据库或其他方式，密切与消费者的关系。对老顾客，要更多地提供产品信息，定期举行联谊活动，加深信任，争取使之成为长期顾客。

（4）企业与供应商的关系

因分工而产生的渠道成员之间的关系，是由协作而形成的共同利益关系。

合作伙伴虽难免存在矛盾，但相互依赖性更为明显。企业必须广泛建立与供应商、经销商之间的密切合作的伙伴关系，以便获得来自供销两个方面的有力支持。

（5）企业与影响者的关系

各种金融机构、新闻媒体、公共事业团体以及政府机构等，对企业营销活动都会产生重要的影响，企业必须以公共关系为主要手段争取他们的理解与支持。

2. 关系营销的层次

根据营销者和顾客关系的密切程度，关系营销的层次划分如下：

基本型：销售人员把产品销售出去就不再与顾客接触。

被动型：销售人员把产品销售出去并鼓励顾客在遇到问题或有意见的时候和公司联系。

负责型：销售人员在产品售出以后联系客户，询问产品是否符合顾客的要求，有何改进建议，以及任何特殊的缺陷和不足，以帮助企业不断地改进产品，使之更加符合客户需求。

能动型：销售人员不断联系客户，提供有关改进产品用途的建议以及新产品信息。

伙伴型：企业不断地和客户共同努力，帮助客户解决问题，支持客户的成功，实现共同发展。

（三）关系营销的实施

关系营销的实施主要包括以下几个方面：

1. 关系营销的组织设计

为了对内协调部门之间、员工之间的关系，对外向公众发布消息、处理意见等，通过有效的关系营销活动，使得企业目标能顺利实现，企业必须根据正规性原则、适应性原则、针对性原则、整体性原则、协调性原则和效益性原则建立企业关系管理机构。该机构对内要协调处理部门之间、员工之间的关系，对外要向公众发布消息、征求意见、收集信息、处理纠纷等。

2. 关系营销的资源配置

面对剧烈的环境变化和外部竞争，企业的全体人员必须通过有效的资源配置和利用，同心协力地实现企业的经营目标。企业资源配置主要包括人力资源配置和信息配置。人力资源配置主要是通过部门间的人员转换、内部提升部门的论坛和会议等，以多种方式促进企业内部关系的建立。

3. 关系营销的效率提升

企业与外部企业建立合作关系，一方面，必然会与之分享某些利益，增强对手的实力；另一方面，企业各部门之间也存在着不同利益，这两方面形成了关系协调的障碍。其具体的原因包括：利益不对称、担心失去自主权和控制权、片面地激励体系、担心损害分权。关系双方环境的差异会影响关系的建立以及双方的交流。跨文化间的人们在交流时，必须克服文化所带来的障碍。对于具有不同企业文化的企业来说，文化的整合，对于双方能否真正协调运作有重要的影响。

第三节 事件营销与共生营销

一、事件营销

（一）事件营销的含义与特点

1. 事件营销的含义

事件营销是指企业通过策划、组织和利用具有名人效应、新闻价值以及社会影响的人物或事件，引起媒体、社会团体和消费者的兴趣与关注，以求提高企业或产品的知名度、美誉度，树立良好品牌形象，并最终促成产品或服务的销售目的的手段和方式。

2. 事件营销的特点

（1）突发性强，时间紧迫。

（2）潜在的机会大。

（3）有广泛的消费者受众面。

（4）高频率的媒体助阵。

（5）消息复杂，消费者很难分辨。

其成功的关键是：实效和快速反应；面临的市场考验是对局势的把握与应变力。在实际运用过程中，事件营销应把握好两条：法律范畴之内和从消费者角度出发。

（二）事件营销的策略

事件营销通过"借势"和"造势"，以求提高企业或产品的知名度、美誉度，树立良好的品牌形象，并最终促成产品或服务的销售目的。事件营销在实际的运作中采取借势与造势两大类策略：

1. 借势策略

所谓借势，是指企业及时地抓住广受关注的社会新闻、事件以及人物的明星效应等，结合企业或产品在传播上欲达到之目的而展开的一系列相关活动。具体可以采取以下对策：

（1）明星策

明星是社会发展的需要与大众主观愿望相结合而产生的客观存在。根据马斯洛分析的人的心理需求学说：当购买者不再把价格、质量当作购买顾虑时，利用明星的知名度去加重产品的附加值，可以借此培养消费者对该产品的感情、联想，来赢得消费者对产品的追捧。

（2）体育策

主要就是借助赞助、冠名等手段，通过所赞助的体育活动来推广自己的品牌。体育活动已被越来越多的人所关注和参与，体育赛事是品牌最好的广告载体，体育背后蕴藏着无限商机，已被很多企业意识到并投入其间。

体育营销作为一种软广告，具有沟通对象量大、传播面广和针对性强等特点。

（3）新闻策

企业利用社会上有价值、影响面广的新闻，不失时机地将其与自己的品牌联系在一起，来达到借力发力的传播效果。

2. 造势策略

造势，是指企业通过策划、组织和制造具有新闻价值的事件，吸引媒体、社会团体和消费者的兴趣与关注。

（1）舆论策

企业通过与相关媒体合作，发表大量介绍和宣传企业的产品或服务的软性文章，以理性的手段传播自己。

关于这一点，国内很多企业都已重视到了它的威力，此类软性宣传文章现如今已经大范围，甚至大版面地出现在各种相应的媒体上。

（2）活动策

是指企业为推广自己的产品而组织策划的一系列宣传活动，吸引消费者和媒体的眼球达到传播自己的目的。

二、共生营销

（一）共生营销的含义及形式

1. 共生营销的含义

何谓共生营销？通过两个或更多个相互独立的企业在资源或项目上的合作，达到增强市场竞争能力的目的。

共生营销的兴起与当今市场竞争激烈和科技飞速发展有着密切的关系。一方面由于世界经济一体化的发展，企业将处于全球范围复杂多变的国际环境中，面对众多水平更高、实力更强的对手，任何一个企业不可能在所有方面都处于优势；另一方面，随着科技的不断发展，新产品与多种科学技术结合趋势不断扩大，开发新一代产品的费用即使是大公司也是无法承受的。在这种形势下，具有优势互补关系的企业便纷纷联合起来，实施共生营销战略，集中各种企业的优势，共同进行新产品开发，共享人才和设备等资源，共同提供服务等，从而达到减少企业竞争风险，增强企业竞争能力的目的。

2. 共生营销的形式

（1）共享资源。包括设施、营销渠道、品牌或其他资源。

（2）共同促销。共生伙伴各方把单个企业的产品优势、营销技能和营销网络优势结合起来，发挥单个促销无法达到的规模效益，联合开发目标市场。

（3）共同提供产品和服务。在旅游业中，交通公司、旅馆、饭店、娱乐部门等联合提供"一揽子"服务，既能降低价格，又能方便顾客，合作使各公司的竞争实力也大大增强。

（4）共同开发新产品。由于日益高涨的研究开发费用，随之而来的高风险，还有难以单独克服的技术障碍，使得高技术公司越来越倾向于合作开发与生产新产品。例如1992年初，IBM公司、西门子公司、日本东芝电器公司达成协议，联手开发256兆位超微芯片。

（5）共同创办新企业。这在国外教育界、化工业、新材料工业、计算机工业中已屡见不鲜。

（二）共生营销的特点

与其他市场营销理论不同，共生营销具有其独特的特点：

1. 降低营销成本

资源共享可降低资源成本，降低研发费用，两个企业合作开发新产品如某项技术，各自都可以提高产品质量或创新卖点，从而提高市场竞争力；降低销售成本，两个企业分享销售渠道、销售队伍、仓储、运输等，达到事半功倍的效果；降低广告费用，两个企业通过合作发布广告，可以提高广告的效果，降低广告成本。

2. 提高营销效率

如分享销售渠道，可实现短时间内在更多地域推出产品，先入为主占据优势。

3. 吸引注意力，制造轰动效应

共生营销具有特别的形式，能引起人们特别关注。

4. 有利于进入新市场

通过与所在国企业进行某种形式的共生合作，可以开辟出一条进入新市场的捷径。

5. 有助于多角化战略的展开

多角化战略要求企业向新的领域进军，但新的领域对企业来说是一个陌生的领域，要承担很大的市场风险，合作营销能减少这样的市场风险。

6. 减少无益竞争

同行业企业在激烈竞争中往往会产生负效应，增加生产成本，某种共生营销就可避免这种情况发生。

（三）共生营销实施的条件

共生营销，一般来说由以下两类企业进行比较合适：

1. 由同类但不同细分市场产品的企业组成，如畜商品行业的兽药与饲料企业。

2. 由在生产、销售或使用上具有上下游，或互补关系的不同产品的企业组成，如电脑配件和周边设备与整机生产，冰箱与冰箱除臭剂，洗涤剂与护手霜，微波炉与烹调器皿等的企业之间就可实行共生营销，因为这些产品在生产、销售或使用上具有一定的关联性，共生营销可起到很好的效果。

但是，随着共生营销的发展，完全相同的产品之间和完全不同的产品之间也出现了共生营销的现象。如生产同样产品的企业，抛开原来你死我活的竞争，建立新的双赢战略合作伙伴关系，共同开拓市场，把产品的开发、销售引向深入，共谋把"市场"这块饼做大，而不是在现有"市场"这块饼上争大小。在完全不同的产品之间建立共生营销关系，更具想象力，当然要取得成功也要做出认真的策划和充分的准备。现在，共生营销实际上已经没有什么限制了，不一定要在产品销售与使用上有联系，只要在市场促销上具有相同或可互相利用的战略意图与价值就行了。

（四）共生营销战略实现的途径

1. 要确定共生营销战略的领域或项目

并非所有的领域、项目都适合联合，只有那些市场信息多变，结构变革和竞争激烈的产业领域，那些能给带来高附加值的活动项目，才适合搞共生营销模式，同时，企业还应考虑到企业间联合的成本费用情况，只有联合所增加的收益大于联合所产生的成本时才能考虑应用共生营销战略。

2. 要明确自己共生方核心优势，判定共生的可能性

并非所有企业都能结盟成功，只有那些科研、生产、管理、营销、服务等方面拥有自己核心优势的企业，才能成为共生对象，有效实现优势互补，分工协作，如果企业在上述方面都无优势可言，即使暂时找到共生伙伴，也必然因缺乏独立性而使共生状态的稳定性和成效难以保证。

3. 注意不能随意选择共生伙伴

首先，企业应考察对方有无利用的互补性资源优势。对方的资源共享优势差异性越强，与之结成共生关系的利益就越大。其次，要看对方的合作诚意和资信状况，只有各方相互需求才能结盟共生；只有真诚合作才能成功共生；只有对方资信状况良好，才能保持共生的持久性。

4. 需签订联合协议

联合的目标、宗旨，各方的权利义务划分，为防范合作一方的机会主义行为而规定的限制性、排他性条款，协议的约束力等，都关系到联合的成败。因此，必须在协议中明确规定，形成法律效力，使各方为共同的目标、宗旨而努力。

5. 要严格监督协议执行情况

对于一方损人利己的机会主义倾向和行为应按协议规定进行制裁，并要求其承担由此带来的相关损失；对于协议中未做规定而在合作过程中出现的新问题，各方应通过办商、谈判解决；对于协议目标已经实现或协议各方利益不再存在的情况下应及时终止协议，再寻找新的合作项目或新的合作伙伴，重新签订协议。

第四节　定制市场营销与文化营销

一、定制市场营销

（一）定制市场营销的含义

定制市场营销是指企业在营销活动中，针对每个消费者与众不同的个性化需求，为其"量身定做"产品，从而最大限度地满足消费者需要的一种营销模式。

（二）定制市场营销的优势

定制市场营销具有以下优点：

1. 定制市场营销为企业提供了新的发展机会

（1）定制市场营销是针对每一个消费者的，能够利用最小规模的市场机会，为企业的发展提供更加广阔的空间。"哪里存在未被满足的需求，哪里就有企业的发展机会"。从这个意义上讲，市场的机会是无限的，但是联系到某个企业，机会却是有限的，并且在目标市场营销战略中，这种有限的市场机会还必须有足够的规模，能够实现企业的利润目标才被认为是有价值的，这就使一些市场机会因规模较小而不能被企业利用。

（2）实行定制市场营销有利于提高企业竞争力。在竞争激烈的市场上，谁的产品最能满足消费者需要，谁就能赢得消费者，而定制产品是消费者根据自己的个性需求自行改进、设计出来的产品，是消费者最满意的产品，因而也是竞争力最强的产品。

（3）定制市场营销减少了中间环节，缩短了供需双方的距离，企业不仅能够及时了解市场需求的变化，而且减少了流通费用。

（4）实行定制市场营销，企业不会有产品积压的危险。由于在产品生产之前就形成了一个契约，就是已经销售出去产品，所以不会造成产品积压，缩短了再生产周期。

（5）定制市场营销能够提高企业利润。一方面，高差别化的个性化产品使产品需求价格缺乏弹性，产品售价提高从而提高单位产品利润；另一方面，存货水平降低、生产周期的缩短加快了资金的周转，这都会提高企业利润。

2. 定制市场营销使消费者得到了市场上不存在，但可以充分满足自己需要的完全个性化产品

在目标市场营销中，消费者所需商品只能从现有商品中选购，这样可能满足了消费者的需要，也可能满足不了消费者的需要，这时消费者只能选择和实际不存在的理想产品最接近的商品凑合一下。而在定制市场营销中，消费者选购商品时完全以"自我"为中心，对所购商品拥有除价格外的完全彻底的自由，消费者既可以从现有商品中自行确定，也可以寻找市场以外的商品，根据自身的实际需要向企业提出具体要求，并且能达到这一要求，买到自己的理想产品。

定制市场营销是企业市场营销战略由大批量市场营销跨越到目标市场营销后的又一次飞跃，也是构筑企业核心竞争的重要途径。要实行定制市场营销战略，首先要做好以下工作：

（1）建立健全必要的信息和营销网络

消费者所需的商品不可能都跑到厂家去定制，厂家更不可能挨家逐户地去搜集品位不一的订单，这两者之间需要一个"桥梁"。从目前条件看，有两种途径可以选择：

第一，通过互联网进行网上销售，这是连接厂家和消费者最便捷，最具发展潜力的通道。通过互联网，企业只须网上出样，消费者一旦选中某种商品，输入自己的相关数据和特殊要求，确定交易方法和支付方式，一次网上交易即告完成。虽然目前我国在这方面还存在许多问题，例如，互联网用户太少、支付手段和配送手段相对落后等，但其发展前景是十分广阔的。所以，发展电子商务是企业实行定制市场营销的重要途径。

第二，通过企业现有的营销网络。中间商作为连接生产者和消费者的桥梁，在定制市场营销中同样可以大有作为。消费者通过中间商提出自己对产品的具体要求，由生产商按要求生产，然后再通过中间商将定制产品送到消费者手中，同时把握住机会，实行定制市场营销，确立自己的竞争优势，以迎接新经济时代的挑战。

（2）提高企业的设计生产水平

与传统的批量生产不同，定制市场营销中的产品生产是适应消费者个性化需求的个性化生产。要做到这一点，企业必须实现适合于个性化生产的模块化设计和模块化制造，生产线也必须是柔性的以适合于个性化生产。只有这样，企业才有可能向消费者提供高质量的定制产品，真正满足消费者千差万别的个性化需求。

定制消费仅仅是一种消费辅助手段，短期内也不可能取代其他消费模式，但它毕竟代

表了市场发展的方向，广大企业应当果断抓住机会，实行定制市场营销，确立自己的竞争优势，以迎接新经济时代的挑战。

二、文化营销

文化营销是指企业营销活动中有意识地通过发现、培养或创造某种核心价值观念，并且针对企业面临的目标市场的文化环境采取一系列的文化适应和沟通策略，以实现企业经营目标的一种营销方式。文化营销的实质性内涵在于核心价值观念的培养和塑造，以文化为媒介，通过策略的调试达成与顾客及社会公众全新的利益共同体关系，进而达到顾客满意的目的。

（一）文化营销的层次

文化营销可从以下几个层面渐次推进和展开：

1. 产品层面

从文化营销的视角来看，产品是文化价值观的实体化或载体，这一层面上的文化营销的推出能提高人类生活质量、推动人类物质文明发展的产品或服务，引导一种新的、健康的消费观念和消费方式。如肯德基的产品和服务就体现了一种新的餐饮消费文化。

2. 品牌文化层面

品牌有无优势，主要取决于品牌是否具有丰富的个性和文化内涵。品牌背后，是消费者的文化认同和价值选择，因此，品牌层次的文化营销具有更大的增值张力和增值空间。

3. 企业文化层面

企业文化就是指导和约束企业整体行为、员工行为及企业风格的价值理念。企业文化层面的文化营销指在营销过程中，将企业的产品或服务文化、企业及员工的行为文化、组织的机制和制度文化，特别是企业的精神、价值观、伦理等理念文化，通过整合有效地传达给公众，诉诸受众的认知。

文化营销在三个层面的渐次推进和展开过程，是物质因素不断被超越，而文化内涵的比例及文化价值的作用在营销中不断扩大的过程。产品及企业的价值定位和文化个性是文化营销的基础。当然，随着社会主流文化的变迁，文化定位的表现形态也将是一个动态调适的过程，但文化价值理念的定位则是相对比较稳定的。

（二）文化营销的实施

1. 识别并创造文化需求

在市场营销活动中，企业应该认真细致地考察、调研目标市场的文化环境因素，以便逾越无形的文化壁垒，有的放矢地开展营销活动。如果对目标市场的文化因素处理不当，就可能导致企业与顾客之间的沟通纽带断裂，构成对企业的威胁。相反，如应用得当，则转化为企业商机。因此，企业营销部门及营销人员应认真分析目标市场特有的文化特征及文化背景、因势利导，利用文化魅力创造需求。

2. 设计企业文化营销战略

文化营销战略步骤的关键是进行文化价值定位。企业应该重视如下工作：

第一，企业在制定营销战略目标时，必须建立文化子目标，如企业以提高市场占有率或获取较高投资收益为总体战略目标时，子目标应包括扩大企业文化影响或企业品牌文化的顾客感召力等。

第二，企业细分市场时应巧用文化变量，以文化变量来细分市场将成为营销战略策划的一个新动向。尤其是对于知识产品而言，文化变量成为主要细分依据，如计算机软件等高科技产品、书籍等文化产品等。企业可以运用文化变量中的消费者受教育水平、价值取向、产品的知识含量等因素来细分市场。

第三，将文化定位贯穿于产品定位、设计、生产、包装、经营等环节中，创造全方位、高品位的品牌形象和文化氛围，并力求服务的文化创新，以文化亲和力启动市场营销。

最后，还要重视传统文化的吸收和创造性运用，突出文化的民族特点和历史内涵，这将给企业的市场营销带来新的活力和优势。如"红豆"服装的成功，就在于它成功地将王维的千古名句中的文化内蕴移植到企业产品品牌的文化内涵之中。

第五节　绿色营销与全球营销

一、绿色营销

所谓"绿色营销"，是指社会和企业在充分意识到消费者日益提高的环保意识和由此产生的对清洁型无公害产品需要的基础上，发现、创造并选择市场机会，通过一系列理性化的营销手段来满足消费者以及社会生态环境发展的需要，实现可持续发展的过程。绿色营销的核心是按照环保与生态原则来选择和确定营销组合的策略，是建立在绿色技术、绿色市场和绿色经济基础上的、对人类的生态关注给予回应的一种经营方式。绿色营销不是一种诱导顾客消费的手段，也不是企业塑造公众形象的"美容法"，它是一个导向持续发展、永续经营的过程，其最终目的是在化解环境危机的过程中获得商业机会，在实现企业利润和消费者满意的同时，达成人与自然的和谐相处，共存共荣。

（一）绿色营销与传统营销的区别

绿色营销是指企业在营销活动中，谋求消费者利益、企业利益与环境利益的协调，既要充分满足消费者的需求，实现企业利润目标，也要充分注意自然生态平衡。实施绿色营销的企业，对产品的创意、设计和生产，以及定价与促销的策划和实施，都要以保护生态环境为前提，力求减少和避免环境污染，保护和节约自然资源，维护人类社会的长远利益，实现经济与市场可持续发展。

绿色营销是在传统营销的基础上发展起来的，具有传统营销的一般特点，但它又是在特定的观念指导下进行的。它与传统的市场营销和社会营销皆有许多不同之处。

1. 绿色营销以绿色消费为前提

根据马斯洛的需求层次理论，消费需求是由低层次不断向高层次发展，是不可逆转的客观规律，绿色消费是较高层次的消费观念。人们的温饱等生理需要基本满足后，便会产生提高生活综合质量的要求，以及产生对清洁环境与绿色产品的需要。

2. 绿色营销以绿色观念为指导

绿色营销以满足绿色需求为中心，为消费者提供能有效防止资源浪费、环境污染及损害健康的产品。绿色营销所追求的是人类的长远利益与可持续发展，重视协调企业经营与自然环境的关系，力求实现人类行为与自然环境的融合发展。

3. 绿色营销以绿色法制为法律保障

绿色营销是着眼于社会层面的新观念，所要实现的是人类社会的协调持续发展。在竞争性的市场上，必须有完善的政治与经济管理体制，制定并实施环境保护与绿色营销的方针、政策，制约各方面的短期行为，维护全社会的长远利益。

4. 绿色营销以绿色科技为物质前提

技术进步是产业变革和进化的决定因素，新兴产业的形成必然要求技术进步。但技术进步如背离绿色观念，其结果有可能加快环境污染的进程。只有以绿色科技促进绿色产品的发展，促进节约能源和资源可再生、无公害的绿色产品的开发，才是绿色营销的物质保证。

（二）绿色营销计划制订应考虑的因素

绿色营销计划在制订时要受到各种因素的制约，主要有外在绿色营销因素和内在绿色营销因素。

1. 外在绿色营销因素

外在绿色营销因素指企业外的有关单位，具体来说主要有以下几方面：

（1）付费消费者

消费者的需求是企业营销活动的起点，因此，在绿色营销活动中，其起点就是了解消费者的绿化程度及对绿色产品和服务的需求程度。

（2）供应商

供应商的绿化程度、本企业对绿色原材料的需求状况及本企业与供应商的联系紧密程度直接关系到绿色营销的"输入"状态。输入是系统转化的前提，对未来的产出具有一定的决定性。

（3）问题

企业须经常了解和掌握绿色营销过程中存在的系列问题，如竞争对手的动态等，这对绿色营销是关键的。识别问题是解决问题的前提，问题的难易程度以及复杂程度决定了绿色营销的不同内容。

（4）预测

这要求企业收集各方信息，利用明智判断来预测未来的环保发展方向及其对企业绿色营销行为的影响。

（5）伙伴

企业应加强与对环境具有重要影响的组织的伙伴关系，这对绿色营销的顺利实施极其有益。在绿色营销过程中最重要的是战略伙伴的寻找。

（6）政府

政府官员可通过系列政策和立法对企业的营销活动施加影响，进行调控。企业在绿色营销过程中对此不能忽视。

2. 绿色营销内部影响因素

绿色营销的内部因素主要是指企业营销活动的整个过程。具体来说，一个企业绿色营销活动的主要环节有：

（1）产品

绿色产品应是在生产、使用和抛弃时皆具安全与无污染性的产品。产品所使用的原材料和包装物应是有利于环保的，多是一般营销理论中产品概念的拓展。

（2）价格

绿色价格反映了绿色成本，但同时亦应考虑消费者的接受程度，在给绿色产品定价时要考虑到它的社会效益。

（3）分销

应选择绿色程度较深的渠道来铺货，并在分销过程中将维持统一的绿色形象。

（4）促销

利用绿色媒体和各种其他媒介，来沟通企业的绿色信息，促进绿色销售。

（5）人员

要在企业中培养出一个绿色营销者队伍，他们有强烈的绿色理念，深入了解有关环保的各项事宜，并明确企业在绿色营销中的环保努力方向和具体措施，以及本人在绿色营销中应承担的责任等。

（6）过程

企业应严控原材料、能源和消耗过程以及废弃物的产生和处理过程，并制定和实施监测评估环境表现的政策，对整个绿色营销活动过程进行监管。

3. 绿色营销内外因素的结合

企业绿色营销能否成功，关键取决于绿色营销内外因素的巧妙结合和协同作用，包括：①满足消费者的绿色消费需求；②产品生产及使用过程的安全无污染；③社会对绿色营销的接受和支持；④企业从可持续性发展的战略高度来组织和实施绿色营销。

（三）绿色营销发展的新特点

绿色营销不论是对于社会、国家还是企业、个人都有其意义。绿色营销将呈现出一种迅速发展的趋势并将成为 21 世纪营销的主流。

1. 绿色营销发展为 21 世纪世界市场营销新动向中的热点

21 世纪市场营销新动向包括信息营销、绿色营销、政治营销、关系营销、网络营销、整合营销等。

环保问题将成为影响市场供求关系的重要因素，成为 21 世纪市场营销中的一项重要议题。以环保为主题的绿色营销在未来市场营销中的地位也将日益突出，并为企业带来许多机会利益。

2. 绿色营销日益为政府和社会各界所拥护及支持

绿色营销对于政府和社会公众具有多方面的益处，例如，有利于政府环保工作负担的减轻，有利于政府环保政策的实施和可持续发展战略目标的实现，有利于社会公众生存环境质量及生活品质的提升等。这一系列原因皆使绿色营销受政府和公众的欢迎，并转而以不同的方式影响和支持这一营销方式。

3. 绿色营销逐渐被提升到企业长远发展的战略高度

对大多数实施绿色营销的企业而言，绿色营销是其企业具体发展战略的部分，企业视绿色营销为一种新机遇，以此来开拓市场，吸引消费者，打败竞争对手，寻求企业的长足发展。此外，企业各方面都参与了绿色营销，包括企业理念，企业生产、财务等部门，企业组织的设置，都为配合绿色营销而做相应的调整。同时，绿色营销的实施有利于提高企业形象，有利于企业融资，有利于企业吸收优秀人才等。

4. 绿色营销与消费者互动作用增强

绿色营销不是独自努力就能成功的，它亦依赖于与消费者的互动作用。首先，绿色营销要以消费者的绿色意识转化为绿色消费行为为前提，否则，绿色营销只能是一种说法，是空的；其次，绿色营销因其大量的绿色投入而使绿色价格偏高，这亦需要消费者的理解与接受；再次，绿色营销初期的绿色投资巨大，有时企业本身往往不能承受，这时须消费者投入一定的绿色观念，与企业共同进行早期投资。例如，美国的绿色电力工程，在二程启动时，支持该项目的消费者做了大量的投入，一方面，消费者促进了绿色营销，另一方面，绿色营销亦促进了消费者消费模式的改变，这两者一直处于互动过程中。

5. 绿色营销过程中将面临更多的市场差异化

这种差异化主要由各国各地区市场的绿色产品标准差异而引起的。近年来，为了达到环保的目的，各国各地区都采取了一些单方面的行动，对一些重要商品制定有利于自己的环保标准，限制进出口，这引起了双边和多边贸易的摩擦。

6. 绿色营销将受到越来越多的管制

由于绿色营销作为一种新的市场行为，在其初发阶段，各方面的立法和监管尚未成熟，市场秩序尚未建立。许多企业趁机利用"绿色"烟幕来做动作，为自己树立一种所谓的绿色形象，而事实上换汤不换药，营销的本身运作仍未"绿化"。

所以，现在有些国家已对"Green Claim"做种种限制，包括企业必须有实际行动，否则不能在公众面前鼓吹自己的绿色形象，在做绿色形象宣传时必须用具体的事例，而不能用"绿色"或"环保"及"生态"等字泛泛而指等。

7. 在国际贸易中绿色壁垒将更多地取代传统的非关税壁垒

环保作为一种服务于各国贸易保护的有力武器，正逐渐成为国际贸易谈判中举足轻重的一条具体措施，进而发展成为一种新的非关税壁垒——绿色贸易壁垒。各国可以利用绿色贸易壁垒来保护本国工业受免税进口商品的冲击。

环保措施作为一种新兴的非关税壁垒，将以其隐蔽性强、技术要求高、灵活多变等特点日益受贸易保护主义者青睐。这同时增强了绿色营销在国际市场营销中的地位。

二、全球营销

随着世界经济的不断发展，各国在商品、劳动力、资本、科技情报等方面的交流日益频繁，经济全球化的步伐日益加速，越来越多的国家都积极参与到国际市场的竞争中来。在这种环境的发展趋势下，市场营销拓展了新的领域，形成了新的营销分支——国际市场营销。

国际市场营销是指商品和劳务流入一个以上国家的消费者或用户手中的过程。换言之，国际市场营销是一种跨国界的社会和管理过程，是企业通过计划，定价促销和引导，创造产品和价值并在国际市场上进行交换，以满足多国消费者的需要和获取利润的活动。

（一）国际营销的特点

国际市场营销学的基本原理和方法同基础市场营销学并无多大差异。许多指导国内企业营销的原理和方法，诸如市场营销调研、消费者行为分析、选择目标市场、营销组合策略、营销战略计划、营销管理等，均可用以指导国际市场营销活动。但是，国际市场营销和国内市场营销由于处于两个不同的营销地域，前者与后者相比，有跨国界、异国性、多国性的特点，在具体的营销过程中，国际市场营销又有不同于国内市场营销的操作层面。

国际市场营销与国内市场营销相比，其特点主要表现在以下几个方面：

1. 复杂性

各国由于特定的社会文化、政治法律和技术经济环境不同，使国际市场营销的复杂性远远大于国内不同地区的市场营销。社会文化不同表现在语言障碍、文化差异、风俗习惯、社会制度不同等，给国际营销带来市场调查不易、了解贸易对手困难、交易双方沟通障碍、交易接洽不便等诸多困难；政治法律不同表现在政治体制、海关制度及有关贸易法规不同等，给国际市场营销带来障碍；技术经济环境不同表现在居民收入水平不同、经济发展水平不同、经济体制不同等，对国际市场营销也产生极大影响。

2. 风险性

国际市场营销由于进行跨国界的交易活动，很多情况不易把握，其产生的风险如信用风险、汇兑风险、运输风险、政治风险、商业风险等，远远大于国内市场营销。

3. 激烈性

进入国际市场的企业都是各国实力强大的企业，使国际市场营销企业参与的国际竞争比之国内市场的竞争更为激烈，也更为残酷。世界各国在国际市场上，营销的参与者与国内也有很大不同，除国内市场竞争的常规参与者外，政府、政党、有关团体也往往介入营销活动中，政治力量的介入，使国际市场的竞争更加微妙，竞争的激烈程度也比国内市场大为提高。对于发展中国家的企业来说，参与国际竞争必然要承受巨大的竞争压力。

（二）全球营销策略

全球营销概念是从消费者的兴趣和偏好来看，随着各国社会、经济和技术的发展，相似的需求已构成一个统一的世界市场。为适应这种需求的相似性，国际企业可以生产全球性标准化产品，以获取规模经济效益，通过降低生产与营销成本，从而比其他竞争者具有更多的比较优势，这便是全球营销概念的由来。全球营销可定义为：企业通过全球性布局与协调，使其在世界各地的营销活动一体化，以获取全球性竞争优势。

全球营销经营哲学的基点是市场一般性和各国交叉文化群体。一方面，经济发展水平相似的发达国家，其国内市场虽不尽相同，但人口老龄化、家庭规模缩小、教育背景相似和较高的收入水平，已使这些国家呈现出日益鲜明的市场共性；另一方面，随着国际交往的日益频繁，各国消费者的观念、风俗和习惯也在趋向一致，如对健康的关心和闲暇时间的享受，形成不同国家间的交叉文化群体。国际市场营销中这种求大同、存小异的综合思维模式，为市场营销差异化战略向市场营销标准化战略的转变奠定了理论基础。

全球营销作为一种战略是有条件的、在全球营销的条件未完全具备的情况下，要承认全球营销的非唯一性，企业的国际市场营销活动既要求全球协调，也要求一定程度的国别适宜性，既是全球顾客导向，也是全球竞争者导向。在实现营销完全标准化之前，要充分认识到市场细分和产品定位在全球营销中仍占据重要地位，国际企业应实施正确的全球营销策略。

企业的全球营销策略包括四个主要方面：全球营销任务、全球市场细分、全球竞争定位及全球市场营销组合。

1．全球营销任务

全球市场营销的中心任务不再是对国别的特定的市场营销活动的个别优化，而是更多地优先考虑不同国家的商业利益如何隶属于企业的全球性战略目标。既然全球营销对于企业获取其全球性战略目标有重要作用，企业的全球营销就应与企业的整体发展相适应，为了企业的整体发展，企业在必要的时候甚至放弃某国的市场也应在所不惜。企业在确定全球任务时，应以战略的眼光看待全球市场的选择与进占，注重全球市场规模的整体优化。

2．全球市场细分

全球市场细分有三种方式可供选择：

（1）全球性市场细分

这种方式要求细分标准必须跨越国界，重在找出不同国家的消费者在需求上的共性，而避免地域或文化方面的差异。比如，按人口统计标准来细分国际市场，这些标准可以是年龄、性别、收入、家庭人口，也可以是家庭发展的各个阶段。由于各国具有相同年龄、性别、收入、种族等人口统计指标的人往往具有相似的消费习惯，所以，这种细分法易于突破社会文化差异的限制，充分反映各国市场的共性。再比如心理细分法，这种细分以全球目标市场的使用行为、价值、兴趣、生活方式、个人观念等心理变量作为划分标准。由于它强调了个体消费者的消费偏好，因而更易于摆脱各国的社会差异。这一方法常常和人口统计细分法综合使用，可更加具体地反映潜在购买者的兴趣、价值观念和其他个人信息的数据资料。世界各国消费者需要一种标准化产品来满足他们的需求的情况是很普遍的。

（2）国别性市场细分

这一方式强调不同国家之间文化上的差异，市场细分主要以地理位置和国籍为基准，即把世界市场看成是由许多不同国家的市场组成的，这出现于各种力量要求采取一种非标准化的情形之下。

（3）混合型市场细分

这种方式是前两种细分方法的结合型，某一国别市场可个别化，而另一些国别市场则可组合成一个共同的细分市场。企业可将这三个细分市场看作一个共同市场。

在国际市场细分方面，究竟是全球化，还是国别化，抑或全球与国别相结合的地区化，表面上看去似乎是矛盾的，但实际并非如此。有学者曾形象地把欧洲、美国、亚洲和日本的市场比作一辆车上的四个轮子，要使车子转动就需要一条好的链子把四个轮子连接起来，这就是全球化，而每个轮子本身就是国别化或地区化。这一比喻生动地描述了几种细分方式的内在联系。

3. 全球竞争定位

除进行全球市场细分外，企业还要选择其在每一个市场上的竞争地位。通常情况下，四种主要的竞争定位分类是：市场领导者、市场挑战者、市场追随者和市场补缺者即小市场份额占有者。如果企业在所有的外国市场采取同样的竞争定位方式，则称为全球型竞争定位策略；反之，如果企业在不同市场采取不同的竞争定位，则称为混合型竞争定位策略。

4. 设计全球营销组合

根据企业的全球市场细分和竞争定位策略，可以设计相应的市场营销组合决策。

理想的全球营销组合指采用统一的营销计划，在一个全球性细分市场上营销一种标准化产品。当某全球企业向所有的消费者出售同样的产品并提供相同的服务时，它注意的是全球市场的相同点，全球营销者充分认识到产品、定价、渠道与促销的标准化能给企业带来的巨大经济效益。

理想的国别营销则要求对营销组合进行专门的调整，以满足各个国别市场的需要。

混合Ⅰ型营销组合虽采用标准化产品，但需要调整其他营销组合要素，以支持其标准化产品决策。倘若在不同市场，人们购买同一产品的动机、心理各异，则宜采用差异性的广告手段。

混合Ⅱ型营销组合是指组合中的某一关键要素要标准化，其余要素做适当调整。比如，产品标准化可以是指企业只对核心产品及其生产技术实行标准化，而对产品其他组成部分做出调整，在促销、服务等方面做适当改动。

从以上全球市场营销的概念、基本思想及营销策略的主要内容，不难看出全球营销体现出国际市场营销的重新定位，是国际营销的一种新战略。为充分利用与全球营销紧密相关的国际市场机会，企业必须在全球营销战略实施前，结合企业的内部因素与外在环境进行全面的分析，以确保全球营销战略的实现。

第六节　客户关系管理与整合营销

一、客户关系管理

市场竞争日趋激烈，谁拥有比竞争对手丰富优质的客户资源谁就可以在竞争中获胜，企业要生存发展就必须不断地发掘新客户，并全力保持与老客户的关系，两者缺一不可。因此，客户关系管理越来越多地受到企业的重视。通过参与对客户科学而有效的分析与管理，企业可以了解客户整体的购买状况及其发展动态，以对市场需求状况做出正确的判断，并采取相应的对策，真正实现以客户为中心的经营理念，提高企业销售业绩。

（一）客户关系管理的含义

客户关系管理（CRM），是指通过培养企业的最终客户、分销商和合作伙伴对本企业及其产品更积极的偏爱或偏好，留住他们并以此提升企业业绩的一种营销策略。操作过程是：采用先进的数据库和其他信息技术来获取顾客数据，分析顾客行为和偏好特性，积累和共享顾客知识，有针对性地为顾客提供产品或服务，发展和管理顾客关系，培养顾客长期的忠诚度，以实现顾客价值最大化和企业收益最大化之间的平衡。

CRM 的营销目的已经从以一定的成本取得新顾客转向想方设法地留住现有顾客，从取得市场份额转向取得顾客份额，从发展一种短期的交易转向开发顾客的终生价值。总之，CRM 的目的是从顾客利益和企业利润两方面实现顾客关系的价值最大化。

（二）客户关系管理系统的构成

CRM 系统最基本的功能是满足市场、销售和服务部门的需求。对应于这三个部门，CRM 有相应的系统，这些系统有相应的功能。

1. 客户市场管理子系统

该子系统能够提供完整的客户活动、事件、潜在客户和数据库管理，从而使寻找潜在客户工作效率更高、更加合理化。可以从任何一个地点快速获取所有关于市场营销活动、事件和潜在客户的信息。通过高度数据市场选择，潜在客户可以被细分，特定的用户组也可基于数量、位置、购买倾向或其他标准配给某活动或事件。

该系统负责收集客户的一般资料，跟踪现有客户资料变更，挖掘潜在客户；使市场营销部门有能力执行和管理通过多种渠道进行的多个市场营销活动，同时还能对活动的有效性进行实时跟踪，帮助市场营销机构管理其市场营销材料库中库存的宣传品；记录多种渠道获得的市场信息，收集竞争对手资料，如调研报告、经济分析报告、产品情报等，为各部门提供参考；通过统计分析进行诸如市场划分、市场定位等市场状况研究，为决策者提供决策所需的市场依据。

它又包含以下三个方面的功能：

（1）电话营销和电话销售

其主要功能包括：电话簿；生成电话列表，并把它们与客户、联系人和业务建立关联；把电话号码分配到销售员；记录电话细节，并安排回电；电话营销内容草稿；电话录音，同时给出书写器，用户可作记录；电话统计和报告；自动拨号。

（2）营销管理

其主要功能包括：产品和价格配置器；在进行营销活动（如广告、邮件、研讨会、网站、展览会等）时，能获得预先定制的信息支持；把营销活动与业务、客户、联系人建立关联；显示任务完成进度；提供类似公告板的功能，可张贴、查找、更新营销资料，从而实现营销文件、分析报告等的共享；跟踪特定事件；安排新事件，如研讨会、会议等，并加入合同、客户和销售代表等信息；信函书写、批量邮件，并与合同、客户、联系人、业务等建立关联；邮件合并；生成标签和信封。

（3）潜在客户管理

其主要功能：业务线索的记录、升级和分配；销售机会的升级和分配；潜在客户的跟踪。

2. 客户销售管理子系统

该子系统可以快速获取和管理日常销售信息，能够为提高销售人员工作效率提供流畅、直观的工作流功能，同时也保证了每个客户和每个销售机会的销售小组成员之间能进行完全沟通。另外，销售经理也能有效地协调和监督整个销售过程，包括机会、预测和渠道等，从而保证销售取得最大的成功。

客户销售管理子系统负责收集客户销售相关资料，帮助用户准确把握客户情况，提高销售效率与质量；可处理客户订单，执行报价、订货单创建、联系与账户管理等业务，并提供对订单的全方位查询；通过在各业务部门间按照业务规则传递相关数据和信息，帮助用户管理其销售运作，保证整个销售订单的顺利完成；通过对销售数据的多方面统计、查询，获得用户所需的信息，为决策者或用户提供决策上的帮助；进行动态库存调配管理、分销商信息管理等，能为用户提供各种功能，给予用户销售活动中的帮助支持。

3. 客户支持与服务管理子系统

为用户提供定制的"桌面"，可以综合所有关键客户信息，并管理日常的客户服务活动和任务，从而在解决客户问题时，可以快速、高效地存取关键的客户管理信息。客户支持与服务管理分系统一般包含客户服务信息管理、服务合同管理、服务统计分析与决策支持等功能模块。

（1）客户服务信息管理

其主要功能包括：收集与客户服务相关的资料、现场服务派遣、客户数据管理、客户产品生命周期管理、支持人员档案和地域管理等。此外，通过与 ERP 系统的集成可为后勤、部件管理、采购、质量管理、成本跟踪、发票和会计管理等提供必需的数据。

（2）服务合同管理

其主要功能包括：通过帮助用户创建和管理客户服务合同，从而确保客户能获得与他的花费相当的服务水平和质量。跟踪保修单和合同的续订日期，通过事件功能表（根据合同制定的定期客户拜访、产品维护日程表）安排预防的维护行动。服务档案管理模块，使用户能够对客户的问题及解决方案进行日志式的记录，包括联系人管理、动态客户档案、任务管理以及基于规则解决关键问题的方案，从而使客户在检索问题答案或解决方案方面提高服务的响应速度和质量。

（3）服务统计分析与决策支持

其主要功能包括：对客户服务资料进行分析和处理，使企业既能根据客户的特点提供服务，又能对客户的盈利性进行评估，从而使客户的满意度和企业盈利都能得到提高。

4. 市场、销售和服务部门之间应紧密合作

市场、销售和服务是三个独立的部门，对 CRM 有着不同的需求，但是有一点是共同的，就是以客户为中心的运作机制，需要将市场、销售和服务三个部门紧密地结合在一起，从而使 CRM 为企业发挥更大的作用。进一步强调各部门的协调主要解决了企业在前段业务运作过程中的一些问题，如及时传递信息和渠道优化，达到在恰当时期拥有恰当客户，并向恰当客户提供恰当产品或服务的目的。其主要功能应包括以下三个方面：

（1）时间管理

其主要功能有：日历；设计约会、活动计划，有冲突时，系统会提示；进行事件安排，如会议、电话、电子邮件、传真；备忘录；进行团队事件安排；查看团队中其他人的

安排，以免发生冲突；把事件的安排通知相关的人；任务表；预告/提示；记事本；电子邮件；传真。

（2）呼叫中心

其主要功能有：呼入呼出电话处理；互联网回呼；呼叫中心运行管理；软电话；电话转移；路由选择；报表统计分析；管理分析工具；通过传真、电话、电子邮件、打印机等自动进行资料发送；呼入呼出调度管理。

（3）知识管理

主要功能包括：在站点上显示个性化信息；把一些文件作为附件贴到联系人、客户、事件概况等上；文档管理；对竞争对手的 Web 站点进行监测，如果发现变化的话，会向用户报告；根据用户定义的关键词对 Web 站点的变化进行监视。

5. CRM 系统与其他 IT 系统紧密结合

一个大中型的企业，具有实现各种目标的 IT 系统，这些 IT 系统共同工作。如果这些 IT 系统之间是孤立的，对一个企业来说就不能发挥这些 IT 系统的功能。将这些 IT 系统结合在一起协调工作，可以充分提高企业的运作效率，同时也能够充分利用原有的系统为企业服务，从而降低了企业 IT 系统的成本。CRM 作为企业的一个重要的 IT 系统，也需要与企业的其他 IT 系统紧密结合。CRM 和企业其他 IT 系统的结合主要表现在：信息来源的需要、利用原有系统和生产系统对 CRM 的需求。从企业与外界的关系角度来说，CRM 也可以为企业在整体行业市场上占有较为有利的态势。主要实现以下这些功能：

（1）合作伙伴关系管理

其主要功能包括：对公司数据库信息设置存取权限，合作伙伴通过标准的 Web 浏览器以密码登录的方式对客户信息、公司数据库、与渠道活动相关的文档进行存取和更新；合作伙伴可以方便地存取与销售渠道有关的销售机会信息；合作伙伴通过浏览器使用销售管理工具和销售机会管理工具，如销售方法、销售流程等，并使用预定义和自定义的报告；产品和价格配置器。

（2）商业智能

其主要功能包括：预定义查询和报告；用户定制查询和报告；可看到查询和报告的 SQL 代码；以报告或图表形式查看潜在客户和业务可能带来的收入；通过预定义的图表工具进行潜在客户和业务的传递途径分析；将数据转移到第三方的预测和计划工具；柱状图和饼图工具；系统运行状态显示器；能力预警。

（3）电子商务

其主要功能包括：个性化界面服务；网站内容管理；店面订单和业务处理；销售空间拓展；客户自助服务；网站运行情况的分析和报告。

二、整合营销

随着营销环境日趋复杂，企业必须综合运用多种营销手段来动态适应营销环境的变化。整合营销的出现是市场营销理论适应营销环境变化的结果。

（一）整合营销的内涵

整合营销是一种通过对各种营销工具和手段的系统化组合，根据营销环境的变化进行即时性的动态修正，以使交换双方在交互中实现价值增值的营销理念与方法。整合营销发生在两个层次：一是不同的营销功能（如销售力量、广告、产品管理、市场研究等）之间必须相互配合；二是营销部门和企业的其他部门之间必须相互协调。

整合营销强调各种要素之间的关联性，要求它们能成为统一的有机体，形成合力，共同为企业的营销目标服务。整合营销观念改变了把营销活动作为企业经营管理的一项职能的观点，而是要求所有的活动都整合和协调起来，努力为顾客的利益服务。同时，强调企业与市场之间互动的关系和影响，努力发现潜在市场和创造新市场。因此，以注重企业、顾客、社会三方共同利益为中心的整合营销，具有整体性与动态性特征，企业把与消费者之间交流、对话、沟通放在特别重要的地位，是营销观念的变革和发展。

（二）整合营销传播的含义

整合营销传播是指企业在经营活动过程中，以由外而内的战略观点为基础，为了与利害关系者进行有效沟通，以营销传播管理者为主体所展开的传播战略。为了对消费者、从业人员、投资者、竞争对手等直接利害关系者和社区、大众媒体、政府、各种社会团体等间接利害关系者进行密切、有机的传播活动，营销传播管理者应该了解他们的需求，并反映到企业经营战略中去，应先决定符合企业实情的各种传播手段和方法的优先次序，通过计划、调整、控制等管理过程，有效地、阶段性地整合诸多企业传播活动。

与以往的许多营销理论一样，整合营销传播理论的提出也是受市场环境变化影响的结果。当消费者获得市场信息的渠道越来越宽广，产品质量指标的透明化程度越来越高的时候，他们的需求差异就比以往更为显著，变化的速度也更快。许多曾经有效的营销手段开始渐渐地失去作用，往往在花费了经营者大量的时间与金钱之后，得到的结果却难以令人满意。产品的供应者需要对目标客户进行有效的"点射"，并准确地计算"焦射"的成功率，这正是整合营销传播要完成的工作。

（三）整合营销与整合营销传播的关系

整合营销传播的概念与整合营销侧重有所不同，它注重的并非营销的所有环节，而是营销信息传播手段的整合以及对传播效率的评价。如果将企业的营销活动比喻为一场战役，那么整合营销传播要解决的就是选择一系列战斗中有效的武器以及运用它们的时机，同时对战果进行定量评估，以不断调整武器组合，提高战斗效率。

整合营销传播和整合营销两者之间又有着显著的内在联系。前者从根本上是要达成传播目标，这与后者中"Promotion"的预期不谋而合。实际上，"4P"理论到 20 世纪 90 年代已演变为更多地站在消费者角度考虑的"4C"理论，替代"Promotion"的恰恰是"Commlmication"。由此可见，整合营销传播企业在空前激烈的竞争中立足和发展，使得数字化整合营销成为可能。

1. 现代通信技术的发展使得发掘潜在需求成为可能

如果没有需求，再好的产品和营销也没有市场，传统上，这是引起许多新产品失败的最主要原因。而且，在今天市场产品生命周期不断缩短的情况下，传统市场研究方法对全新产品来说作用越来越小，因为传统市场研究对揭示潜在需求并不是很有用。现代通信技术的发展使得发掘潜在需求成为可能，这正是营销人员梦寐以求的，同时也出现了对现有需求令人满意的、更有效率和更有力的方法。

2. 现代技术的发展丰富了发展品牌的新方法

品牌在一定程度上决定客户在竞争的市场上选择产品与服务的方向。现代技术的发展给品牌带来威胁的同时，通过新的风格、交货速度、交互个性化等"独特销售计划"丰富了发展品牌的新方法。在传统的品牌价值发生迅速转变的时代，网站作为一种营销手段的演变就是这种转变之一，可以预料，如果不及时有效地对付这种变化，曾经占重要地位的品牌的市场份额将迅速缩小。

3. Internet 简化客户服务过程

简单化在营销领域，称为 KISS（Keep It Simple, Sttlpid）。在传统营销中，这曾是一个引人注目的原理，但由于技术的限制，销售、营销、客户服务与技术部门作为一个个独立的实体在组织中存在，各个实体在职责上有明显的界限，不适合市场的需要。而 Internet 不仅改进了信息的提交方式、加快了信息的提交速度，而且还简化了企业的客户服务过程，使企业向客户提交与处理客户服务的过程变得更加方便，为客户提供 365 天每天 24 小时的全天候服务。数字化营销简化了客户服务过程。

4. 现代计算机与通信技术

计算机与通信技术特别是数据仓库的使用，使得企业充分地找到适合自身资源的特定范围营销焦点成为可能。在未来几年里，新产品及现有产品变化的特定范围营销将有极大的机会。

（四）数字化整合营销

数字化整合营销着重于如何利用互联网来建立顾客关系。数字化整合营销将发展成适时的营销沟通与行动渠道，这将比过去的数据库与直接营销更往前一大步。数字化整合营销试图在一段时间内修正顾客的行为，并强化顾客与公司之间的关系。顾客关系管理是一对一的发展过程，从过去强调不计代价全力争取新顾客的传统目标，转变为留住顾客的心；从过去抢攻市场占有率转变为争取到顾客心甘情愿地掏出钱包付钱；从过去发展短线的交易买卖转变为发展顾客的终身价值。数字化整合营销的目的是在将公司与顾客关系的价值发挥到极限，以达成顾客与公司双赢的局面。数字化整合营销实施的基本要求可以概括为：客户价值最大化、营销技术数字化、客户关系互动化、产品服务定制化和沟通响应适时化。

1. 客户价值最大化

数字化整合营销要求企业让每次接触与沟通在顾客眼中看来都具有正面价值。企业通过持续占领市场并保持竞争力的价值创新给消费者或顾客带来价值最大化，以及由此实现企业的利润极大化，将企业的创新能力与消费者所珍视的价值联系起来，通过为消费者提供价值创新使其获得最大限度的满足。当消费者能稳定地得到这种价值最大化的满足之后，将不可避免地成为该企业的终身顾客，从而使企业与消费者之间产生了共鸣，使企业与客户之间的关系变得非常紧密。

2. 营销技术数字化

信息技术特别是数字技术的发展，企业可将商品交易变成通过输入数字来体现。让产品或服务变成一群数字，让电脑去处理由顾客选择的有关的数字，使厂商提供的产品与顾客所需要的完全一致。

"接近客户"一直是商界成功的座右铭，但只有信息技术的发展，才能为企业低成本应用、提高销售与盈利提供条件。一个传统年代的销售人员要记录个别客户的所有交易详情，需要用上很多人力与物力。但对于今天的销售人员来说，在很短的时间内就可跟进和追溯数百万客户个别的交易记录。现在无论是数据库技术还是通信技术均已达到能以低成本广泛使用的程度。小型公司能够负担得起技术，大企业能以合理的成本来维持千百万个客户的大型数据库。这就是在大众市场上一对一市场推广能够得以实践的因素。

3. 客户关系互动化

企业要用发展的眼光看待顾客关系，与客户持续交流，犹如与顾客一同跳舞，顾客摆向哪边，公司就尾随而至，同时，企业应预测舞伴（顾客）的舞步，并迅速做出反应，以达到节奏同步的目的。互联网与无线通信等技术的迅速发展使信息的互动更加方便，企业可以用可变数据印刷来推行广泛的个性化通信策略，包括销售、客户服务、电话销售和互联网。

数字化整合营销要求企业事先设法与客户建立一对一的互动关系，在经其许可的前提下，与其进一步交流和沟通，执行营销行为。这种客户战略，不但可以将网络营销的固有优势发挥到极致，更可通过网际的交流，与用户建立起历久弥新的客户关系。而拥有客户，无疑就意味着拥有一切。这种客户战略的重点是关心"客户体验"，而非产品的制造和销售过程，体现了"以客户为本"的精髓。因此，企业应该设计并模拟客户的体验，在产品营销、销售和售后服务的整个过程中考虑如何为客户提供个性化的服务。同时，企业的管理系统要能帮助企业实现电子商务的需求，实现业务基本流程的自动化。企业要具备在全球市场中涵盖与客户互动的前端及后端分析的完整能力：在前端，具备统一联络中心，结合网站、电话、电子邮件、传真等与客户互动的能力，并提供个性化需求满足的功能；在后端，提供客户消费行为追踪，以及专用于客户服务及营销资料分析的功能，让企业能够围绕一对一的目标，直接跟客户进行接触，充分挖掘客户的潜力。

与客户进行互动的信息交流，是在网络经济时代相对于传统商务模式最有力的手段，能带给顾客非同一般的购物体验。在互联网时代，一些电子商务先锋公司已做出开创性的尝试，这也是他们取得成功的重要因素。在宽带互联网成为现实后，与顾客互动的信息交流从内容到模式发生根本性变化。

4. 产品服务定制化

企业要想在网络经济时代大显身手，就必须遵循个性化战略。在个性化时代，顾客是千差万别的。管理大师德鲁克在描述企业的定义时曾这样说，企业的宗旨只有一个定义，这就是创造顾客。从生产者来讲，产品是否为顾客所欢迎，最主要的是能否把自己的产品与竞争对手区别开来，让消费者一见钟情。从某种意义上说，创造顾客就是创造差异。

因此，产品应是积木式的。它是在大规模定制的基础上，针对特定客户所需要的产品或服务的体系，企业可以根据消费者消费要求的不同，提供不同功能的系列化产品供给，增加一些功能就变成豪华奢侈品（或高档品），减掉一些功能就变成中档、低档消费品。消费者根据自己的习惯与承受能力选择其具有相应功能的产品。

由数字技术编织起来的因特网，可能使个性化的市场扩大到全世界，让世界各地的顾客享受这种服务。许多企业看到了不断激增的因特网用户所带来的商机，投入巨资和人力，期望在因特网上占据有利地位。

5. 沟通响应适时化

数字化整合营销鼓励企业与每个客户进行对话，并让这种对话促成一种"学习的关系"。顾客会指出他或她所需要的产品和服务，企业则为他们提供所需的东西。顾客在这种合作关系中会提供意见，并具体说需要怎么样的新产品。在此期间客户会对企业进行教育，由于这种重新教育的过程是很吃力的，所以，顾客改用其他供货商的机会不大。

企业应从培养客户的忠诚度出发，全面了解客户的所需，包括他们需要什么、何时需要、怎样需要，从而提供合适的、个性化的、即时的、具备竞争力的促销活动，"锁定"客户的产品使用习惯、建立品牌忠诚。对不同的客户提供不同的促销产品，需要从和客户的所有往来中搜集数据和有效运用这些数据，实现顾客关系的电子化管理，并增加交叉销售与向上销售的机会。

一些企业经常利用"累计里程""积分打折"等促销手段，其实，顾客要的并不是累积点数，而是希望公司能够立即响应他们的要求，并且像记住老朋友一样地记住他们的个人偏好。

第五章 社会化媒体营销的应用

第一节 社会化媒体营销的发展与流程

一、社会化媒体营销的发展

社会化媒体营销又称为社交媒体营销。社交媒体越来越成为营销人策略组合中不可或缺的一环。在早些的时候还不是这样，在 20 世纪 90 年代出现网上购物的时候，真正敢在网络上购买商品的还属于少数另类的群体，网络购物行为本身就会招致周围人异样的眼光，线上购物决策过程自然也有很少的社交因素在里面。21 世纪初，博客进入中国，开始反响平平，后来有了"木子美事件"，如同给广大商家和同胞洗了脑，原来博客还能这样玩。博客时代人人都能在网络平台发声，于是自媒体概念逐渐兴起，博客能显示访问量，还允许评论和显示评论数，这些构成社交媒体的主要元素初露雏形。博客的出现将互联网的社会化媒体向前推进了一大步，公众人物纷纷开始建立自己的网络账户，"人"作为主体在互联网上开始有了自己的虚拟身份。

与博客差不多同时发展的还有易趣和淘宝。易趣成立于 1999 年，淘宝成立于 2003 年，两个平台相争，免费战胜了收费，淘宝胜出。淘宝平台本身是一个相对封闭的电子商务平台，但平台内却越来越具有社交媒体的属性，例如，买家评价、商品打分，还有淘宝旺旺等。在这个平台里还诞生了被称为淘宝体的表达方式："亲，熬夜不好哦!!! ……亲，包邮哦!!!"其亲切、可爱的方式逐渐在网上走红，拉近了人与人之间的距离，成为社交媒体的一种重要表达元素。

真正将社交媒体营销带入高潮的是诞生于 2009 年的新浪微博，以及诞生于 2011 年的腾讯微信。与博客需要考虑完整的表达逻辑使博客作者有很重的负担不同，微博 140 字的限制将平民和莎士比亚拉到了同一水平线上，原创内容大量爆发。同时微博的关注、转发、评论等功能构成了人与人之间关系连接的纽带，使得微博平台具有了很强的社交属性。粉丝更使得微博具有强媒体属性，一个大V拥有数千万的粉丝，每一次发文能触及的人数甚至超过一些传统大报。在微博最热的时候，一种现象的流行令人印象深刻：彼时经常能看到一群朋友在一起吃饭，却无人说话，人人埋头在微博里聊得火热，更有越来越多的"文艺青年"不拍照发微博不能开始吃饭。与博客相比，微博真正地让"人"成为网络化的人，传统的线下交际的主流方式逐步让位于线上交际，每个网络公民都开始有了自己的网络形象。

诞生于2011年的微信从即时通信角度切入了移动社交领域，用户之间可以通过微信进行文字、图文、声音、视频等多种方式的交流。吸取了微博后期的僵尸粉、推广泛滥信息等教训，微信将个人隐私放在设计的第一位，只有用户认可的人才能和用户进行互动，在这基础上朋友圈还可以进一步过滤，让用户对自己的隐私有了极大的控制权。微信的推出满足了熟人社会交际的需求，短短两年用户数就超过5亿，在这个基础上微信推出了公众平台，允许企业开设公众号来和粉丝进行互动与营销，迄今已有超过800万个公众账号在微信平台上运营。现在，微博和微信成了许多企业社交媒体营销最重要的两个渠道。

社交媒体平台发展的速度远远超过前面所描述的内容，从2005年的博客到2009年的微博再到2011年的微信，所有人都盯着这片数字的战场。在博客刚刚出现的时候，很少有人会预料到博客会消退。现在，很多人已看清了互联网产品的快速更迭，越来越多的人都相信一定会有新的武器出现，它的到来将颠覆现在我们对社交的认知，但在它到来前没有人知道它会是什么。

二、社会化媒体营销与购买流程

现在互联网的社交玩法越来越多，也越来越有意思。2013年是企业家谈论互联网思维最多的一年，各种总结各种定义；2014年则是企业家们最焦虑的一年，自己的企业是否该转型互联网，不转是等死，转了是立刻死。让老板或者职业经理人砍掉自己旗下所有赚钱的产品，只集中精力做一两款产品，这种决定确实需要莫大的勇气，也不是一般人能下得了的决心。但不管下了什么样的决心，决定了后如何用社交的玩法确实自有其章法。

这个章法便是利用传统营销手法的消费者购买流程分析来弄清楚整个过程中的不同环节里，社交媒体应该起到什么样的作用和扮演什么角色。对许多市场营销者来说，营销的本质就是让消费者有需要的时候能知道目标产品，寻找信息的时候能找到目标产品相关的信息，在和其他产品一起比较的时候能够产生偏好，并最终决定购买还能进一步成为产品的忠实用户。整个决策过程像是一个漏斗，确认需要阶段的用户最多，最终成为忠实粉丝的用户最少，但价值却最高。

（一）确认需要阶段

社交媒体营销在整个消费决策过程的不同阶段能够起到不同的作用。在确认需要阶段，传统的市场营销会通过电视广告、户外广告、广播电台等来建立品牌知晓度，在数字时代通常通过在主流网站上投放横幅广告、付费搜索、电子邮件推介等形式。虽然在线广告相比电视广告等价格便宜很多，但却很难达到电视广告的效果。

在确认需要阶段通常的社交媒体营销策略包括如下手段：

1. 微博话题

营销者可以通过不断地制造微博话题吸引关注从而传递品牌形象。简单来说，话题就是微博搜索时的关键字，其书写形式就是将关键字放在两个"#"之间，后面再加上你想写的内容，操作方式简单。尽管许多跨国公司都在往 SMM 领域猛砸预算，但由于品牌长久以来形成的品牌调性，往往投入大但水花小，成功的品牌在于放下品牌"高大上"的架子，贴近社交媒体好玩的特性，才能接上地气，让品牌在有地气的土壤里生根发芽。

2. 视频广告

制作视频在主要的视频平台传播，主流平台通常允许大家通过微信、微博等进行转发和分享，能达到二次传播的效果。视频的质量非常重要，互联网思维的玩法通常"去产品化"，不谈产品只提品牌，通过讲一个动听的故事来把品牌无缝地介绍进去。

3. 设计社交互动的活动

现在社交玩法的花样越来越多，一方面是能借力的渠道越来越多，另一方面是商家的思维越来越开阔，脑洞大开。但无论设计什么样的社交营销，一定是口碑做好了，服务做好了，才能玩。没有好的口碑，做社交很可能就是找死。

4. 社交媒体广告

传统营销方式里借助名人拍广告代言是最常见的营销方式，但广告缺乏互动，只是单向的信息传递。基于社交媒体的广告不仅创意性越来越多，能够支持基于广告的互动，还能够允许用户分享，从而带来更多、更大的影响。

5. 跨界连接

随着微信的推出，连接越来越成为一个火热的概念，微信连接一切，连接人与人、人与设备、人与组织等，抛开微信连接还应该包括组织与组织。互联网时代越来越呈现出一种网络化互联的趋势，传统思维中看起来没有关系的事情换个角度或许就看到了交集。

6. 社交慈善

通过社交网络发起慈善活动也是有效的方法，既能够体现企业社会公民责任感，也能引起粉丝共鸣带来更广泛的品牌美誉度传播。

（二）信息收集阶段

当用户了解到产品就会尝试了解和产品有关的更多信息，这个阶段是整个购买流程过程中非常关键的阶段，往往决定了潜在用户是会成为你的产品购买者还是会成为竞争对手的拥护者。在收集信息阶段，社交媒体扮演的主要角色是将消费者和第三方的信息源有效地连接起来。收集信息阶段非常重要，这个阶段通常可以利用到的社交媒体营销手段如下：

1. 网络评论管理

现在关于产品的评论有太多的信息源，微博、微信、天猫、京东等电商平台，博客、QQ 空间等任何消费者能够发声的地方都可能有关于产品的言论，正面的声音当然好，如果有负面的声音该如何处理？这对很多企业来说都是个难题，许多中小企业本身会覆盖的渠道并不多，网上相关言论也有限，发现问题的时候经常会有企业采取一些手段删除负面言论。对错这里姑且不论，但对大企业来说，随着自媒体的发达，人人都可以在网上发表自己的声音，想要删除所有负面言论逐渐成为不可能的事情，即便要删除主流网站的负面言论也需要不小的人力、物力，而且一不小心就会被发现，从而带来更大、更多的负面影响。

在负面评论管理上，正确的态度应该是"实事求是"，结合企业的具体情况，如果组织条件允许能够建立专门的社交运营团队，应该对负面评论予以正面回应。如果是竞争对手的恶意攻击可以向平台进行投诉删除，但通常消费者的差评可能真的是企业产品或者内外部流程的某一环节出了问题，了解和回应负面评论反而会是一个推进企业优化产品或流程的契机。当然此事说易行难，需要牵涉整个组织文化与体系的调整。如果企业没做好这样的心理准备，对社交媒体的利用还是要谨慎。

2. 设立社交媒体账号

现在许多企业都开设了自己的微博或/和微信账号，这里的关键问题在于品牌需要考虑在哪些社交媒体平台上开设账号、不同平台对品牌而言有什么价值、如何开展工作及如何衡量。

3. 连接用户

品牌可以设立和赞助专门的论坛来允许新老用户产生连接，交换信息并进而引导购买，还可以沉淀资深用户建立品牌忠诚度等。

（三）购买决策阶段

购买决策阶段是潜在消费者真正实施购买并成为真正的消费者的阶段。在整个购买流程中，不管是通过线上还是电话或者在商店里，这个阶段企业最需要做的是给消费者营造一个流畅、高效的购买体验。许多营销者认为在这个阶段营销不应该起任何作用，企业不应该再给潜在的消费者提供任何可能导致他分心的信息，哪怕再正面的信息也会分散消费者的注意力。这种说法在某种程度上是有道理的，不过正如许多传统线下商店会把有相关性的产品放到一起以引起消费者购买更多的设计一样，企业可以介绍其他与消费者类似的人们也会买的商品，例如，在亚马逊选好商品后你还可以看到许多推荐购买商品。同时，企业还可以提供分享渠道，让消费者可以将他的购买决策分享到消费者的社交圈，以带来更多的影响。

1. 推荐商品

显示与消费者购物车里的商品相关的商品，以此来扩大消费者的关注面，增强其购买物品的冲动。消费者可能会在推荐商品里发现比购物车商品更实惠，或更符合其需求的商品，这样就能在一定程度上打消消费者的顾虑，使其购买到满意的商品。

2. 提供社交分享工具

帮助消费者方便地将购买内容分享到社交网站，让消费者帮助你营销。

最好的通过忠诚用户来影响其他潜在消费者的方法是鼓励他们谈论产品，让他们写评论给产品打分。你会很惊喜地发现消费者是如此爱好评论产品，而且如果忠诚用户评论了产品，他会更愿意将评论转发到社交网络。企业要做的是为忠诚用户提供相应的便捷工具，以帮助他们方便地将评论分享到他们的社交网络里，真正让忠诚用户帮助企业来做再营销。

购买后评价阶段是形成忠诚用户的关键阶段。忠诚用户是最好的再营销帮手，除了提供分享工具外，企业还可以通过建立社区、贴吧、论坛等，让新用户和忠诚用户之间有相互交流的渠道。

用户购买完产品并不意味着购买流程的结束，也并不意味着企业可以不用再关心已购买产品的用户，事实上已购买产品的用户如果在购买后的服务和支持中得不到应有的帮助，很容易就会转变成品牌的敌对者，并通过他们的社交网络影响更多的人，一不小心还容易引发公关危机。

毫无疑问，现在社交媒体营销的玩法越来越多，只有不敢想的，没有不敢玩的，只要你脑洞大开，多了解其他人的玩法，多想想怎样营销才好玩，借助不断新生的社交平台一定能产生越来越多新鲜好玩的创意。

第二节　社会化营销法则与活动计划的制订

一、社会化营销法则

许多因素都有可能成就或者毁掉一场社会化营销活动，有时候成功仅仅是因为运气。不过也有共通的法则能够帮助营造成功的活动。

（一）坦诚沟通

互联网时代的最大变化之一是"去中心化"。在"去中心化"的时代，信息的传递再也不像过去只能沿着金字塔型的组织从上往下传递。社会化媒体使得点与点之间、个体与个体之间产生了"光速连接"。信息传递极大程度的透明化，这对营销活动特别是社会化营销活动带来的要求便是"坦诚沟通"。企业任何有意无意的欺骗性行为或者沟通方式很容易就会让负面口碑在社会化媒体上迅速爆发，让企业无处容身。

（二）互动参与

单向传播不是社交，有来有往的双向或者多向沟通才构成社交。互动参与是社会化营销的本质，互动可以促进新型的企业与消费者之间关系的建立。互动的实质是参与，互动设计得越好，消费者的参与度越高，企业与消费者的接触度也越高。而接触正是关系建立的基础，接触越频繁、越深入，则关系越稳固。

互动还能更好地促进口碑的传播。从心理学上讲，人们会对自己参与制作的东西的价值产生认可，并渴望向别人宣传。互动式参与性的活动，人们在参与的同时，需要付出一定脑力或体力，这时将产生宣扬的渴望。一个设计良好的互动必然会带来大量自发的、带有认同感甚至荣誉感的传播。

（三）平等自由

社会化平台鼓励通过平等自由的对话，礼貌地拉近品牌和用户的关系。品牌要接地气、讲人话，善于体味现实社会的冷暖温度。

（四）非刻意控制

营销人传统的思维是觉得自己是活动的操刀人，一旦启动活动就要通过有效的控制来保障活动的方向。社会化营销时代，却无须刻意如此。在社会化营销活动中，营销者刻意将自己当成普通的参与者，想象自己会在活动中期待什么样的效果，让活动随着观众的期待自然演化。

二、制订社会化营销活动计划

无数社会化营销活动正在进行之中，如何制订社会化营销活动计划，有些共同的经验和方法能够帮助创建并执行成功的活动计划，简单来说包含七个步骤：定义活动目标、开发故事或体验、制订用户行动计划、制订内容计划、创造影响力、创建合作关系和追踪结果。

（一）定义活动目标

这个看上去似乎顺理成章的步骤在社会化媒体营销活动计划中却是经常会被遗漏的，目标的设置要具有可操作性和可执行性，目标的设置要能和消费者购买决策流程结合起来。将简单的计划拍一个视频然后让这个视频产生病毒营销的效果是不够的。目标通常需要符合 SMART 的原则，只有符合这个原则的目标才具有可执行性、可追踪性和可管理性。

1. 具体的（Specific）

目标必须是具体的、明确的。例如，"增强客户意识"的目标是不明确的，因为增强客户意识有许多具体做法，"减少客户投诉"则是一个具体的目标，可以通过投诉率来进行衡量。

2. 可衡量的（Measurable）

目标必须是可以衡量的。我们要举办一次成功的社会化媒体活动，要让大家都觉得很成功，这样的目标无法去衡量，一千个人心中有一千个哈姆雷特，你认为成功的别人不一定这么认为。成功的指标要可以量化考核，例如，要增加多少粉丝、总转发量关注要有多少等。

3. 具有挑战性的（Aggressive）

有很多人认为这个 A 是 Attainable（可实现的），其实，应该说具有进取心或者说具有挑战性更合适。目标具有挑战性才能激发团队更大的能量与潜力，制定一个轻松就能达成的目标对公司、对团队都是不负责任的，花了很多费用设计一个活动如果只是为了吸引 30 位粉丝，相信你的老板一定会暴跳如雷。

4. 相关的（Relevant）

目标必须与所在岗位有相关性。社会化媒体团队如果制定一个改善财务报销流程的目标就跑题了，这个目标与社会化媒体团队的岗位职责基本没有关系。

5. 有时效性的（Time-bound）

所有目标的完成是具有时间限制的。例如，一个营销活动的目标是在活动启动后三个月内访问量超过 100 万，再具体点可以将这个目标分解到不同的阶段，预热阶段吸引 10 万访问量，在活动第一波之后的一个月内，预计吸引 30 万访问量。这样的时限指标方便管理追踪，也方便团队执行。指标的制定和收集所需要的精力要权衡，如果指标很好，但却需要花费团队大量的精力才能收集到，甚至因此会影响到团队执行活动本身就得不偿失了。

（二）开发故事或体验

如今的用户越来越容易受到大量信息的影响，如果你的活动不能在短时间内吸引到用户的注意力，那基本上就没戏了。用户需要知道你的产品对他的价值，而营销者要做的就是把这个价值植入商业故事中，这个故事讲得是否成功，是否具有温度和情怀也就基本决定了营销活动是否有取得成功的潜力。要讲好一个故事需要多方面的因素，对产品的理解、营销者的体验和积累、营销者的天赋等，不过也有些小贴士可以分享。

1. 心中有用户

明白故事是写给谁看的，想要激发他们什么样的情感。用户的美好情感体验需要团队用心的设计和努力，让用户在产品的故事里看到他们自己，感受到似曾相识的经历、隐隐约约的情怀、呼之欲出的心情。

2. 故事要有利益点

客户最关注故事的部分，是企业需要重视的部分。

3．故事要原汁原味

做产品首先需要的是真诚，不要抄袭别人的故事。只要用心，开发属于自己的故事并不难，例如，从产品研发的过程、营销团队背后的努力、产品与用户之间的互动经历等都能挖掘出无数有价值的故事，也只有用心开发出来的故事才能真正地打动用户。

4．故事要简洁

故事要在可读性原则的前提下做到简洁至极，用户不会愿意去聆听冗长的讲述，好的故事编剧能做到每句话都有点，每张图都有故事。

5．分享

做好了前面的就具备了分享的基础，在所有可以分享的地方为粉丝添加上分享到目标社会化媒体平台，如到微信等的分享按钮。

（三）制定用户行动计划

社会化营销很重要的一点是让用户参与进来，用户行动计划由营销活动的时间长度和复杂性来决定，每个营销活动都有自己独特的内容和设计，不过有些共通的方法值得参考。

1．清晰的指令

一旦决定了活动期待用户采取的行动，就要确保后续所有活动内容都与此相关，如果希望用户都来注册你的活动，那么就要在整个活动过程中让你的注册流程对用户来说清晰可见。

2．众包

互联网最伟大的地方之一在于，有无数的人在网络上以各种形式在创造新的想法和内容。如果你是一家小企业没有足够的资源来创造吸引人的内容，又或者你是一家大企业，但思路经常流于大企业思维，可以通过众包来在网络上收集用户的想法，让用户来帮你创造内容，还可以做一个比赛，从贡献了内容的用户中遴选冠军。

（四）制订内容计划

尽管愈演愈烈的实时营销趋势要求营销团队必须针对发生的热点事件做几乎实时响应，发布相应的内容，但所有能够计划的部分都应该在活动开始前做好规划，计划好待发布的内容、发布内容的渠道和发布的时间。

一个比较好的方法是通过思维导图来帮助你掌握内容计划的蓝图，具体的做法是先画出一个大圆圈，圆圈里是你的活动主题，在中央圆圈周围可以画出与之相关的内容的圆圈，如圆圈里可以填写活动计划覆盖的主要社会化媒体平台，然后再画具体计划在每个平台发布的内容细节等。

再次强调，内容计划只是第一步，营销者必须根据用户在活动进行过程中的评论、反馈等，有机地组织下一步需要发布的内容。

（五）创造影响力

传统的营销通常专注于让目标客户采取特定的行动或者观看特定的品牌信息，所有考虑的出发点都围绕着独立的用户，但是在社会化媒体平台上，任何营销活动都应该考虑到分享和影响，社会化营销活动要同时完成以下两个目标：

第一，吸引活动目标客户参与到活动中来（这也是传统营销方式的目标）。

第二，活动的设计还要吸引客户分享和与他人谈论相关话题。分享是社会化平台最重要的特征，活动的设计要能够让分享者感受到价值，这种价值既可以是有形的，比如分享到一定次数可以获得产品折扣；也可以是无形的，比如活动勋章。分享本身能够提高分享者在朋友圈的影响力，分享本身也会让用户不自觉地成为品牌的布道者。更多的用户分享你的活动，就能给你带来更多的价值。每一次分享都能带来更多的分享，社会化营销活动将产生网络效应。

（六）创建合作关系

社会化媒体营销很少有独立运作就能取得成功的，营销者至少需要和社会化平台，如微博、微信等建立良好的合作，遵照平台的政策要求才有可能取得成功。但潜在的合作者不止于此，他可以是有共同利益关系的名人明星，也可以是社会组织等，善于建立和运用这样的合作关系能够为你和你的伙伴共同创造价值。

（七）追踪结果

社会化媒体活动可以通过很多种指标来进行评价，最好的指标体系是和活动的目标、受众和活动的平台结合最紧密的指标。在活动开始之前就要设计好衡量活动成功的指标，否则你永远无法知道活动是否成功，活动也会慢慢失去控制乃至产生意想不到的后果。

任何活动设计总围绕着相应的目的，只有当能够量化衡量结果的时候才能判断目的是否达到。同样地，在活动开始前了解线上行为的基线也是非常重要的，例如，已有的粉丝数、粉丝访问你的网站的频度（活跃用户数）等。只有这样后续才能了解与启动活动前相比，用户的线上行为产生了什么样的变化，才能评估到底活动有多成功。

第三节 社会化媒体营销的实践

社交营销是基于社交平台开展的一系列商品销售、品牌推广活动。这种方式与传统营销的方式存在很大不同，它不仅能够营销产品，还可以和消费者共同展开互动，例如，聊天、互赠礼品、建立群组，等等。如今，社交平台越来越多，功能越来越强大，使用越来越方便，商业化趋势越来越明显。"社交+营销"模式在移动互联网时代有较大发展前景，有可能会改变整个营销的格局。

一、微博营销

微博，是一个基于用户关系的信息分享、传播以及获取平台，用户可以通过 WEB、WAP 以及各种客户端组建个人社区，以不超过 140 字的文字更新，并实现即时分享。作为一种用户使用量强大的社交媒体，微博具有五大基本交流工具，即发布、转发、评论、私信、艾特。对于普通网民来说，只要在微博中参与交流、分享乐趣就足够了，而对于希望用微博融入社会的企业和个人来说，则应该对这些微博的五大基本交流工具做到细致的理解，并深入挖掘其背后的意义，做到这一点才能更好地利用微博。

（一）微博营销的内涵

4C 理论以消费者需求为导向，重新设定了市场营销组合的四个基本要素：即消费者（Consumer）、成本（Cost）、便利（Convenience）和沟通（Communication）。与产品导向的 4P 理论——产品（Product）、价格（Price）、市场（Place）推广（Promotion）相比，4C 理论强调企业首先应该把追求顾客满意放在第一位，其次是努力降低顾客的购买成本，然后要充分注意到顾客购买过程中的便利性，而不是从企业的角度来决定销售渠道策略，最后还应以消费者为中心实施有效的营销沟通。

1. 消费者

微博营销可以提高个人、企业或非营利组织的关注度，直接带来潜在的顾客。在微博的世界里，每一位用户都是其关注者的消费者。在你关注了某个微博之后，只要对方发布了新的消息，你就可以在自己的微博界面看到这些消息，即对其消息进行"消费"。微博有价值的内容会吸引大量潜在用户转发，从而达到向潜在用户传递营销信息的目的。

2. 成本

不管是个人、企业还是非营利性组织，开通微博的成本是很低的，只要在各大微博网站上开设账号，即可以加入微博的大家庭，发布自己的微博，浏览别人的信息。不像电视广告那样，费用高昂，只要通过微博用文字、图片、视频、链接等符号发布某一产品的信息，就可以低成本地轻松将产品推广出去。特别是高质量的微博账号，即粉丝量庞大的微博大号，效果更为显著。此外，对于市场调研公司来说，他们不用再像之前那样使用电话、走访等高成本的方式来收集某一领域的市场信息，直接通过"微博投票"就可以完成一次低成本的市场调研信息收集工作。

3. 便利

微博营销方便顾客获取信息，同时也方便顾客与个人、企业或非营利性组织保持良好的关系。只要你在微博上通过微博的交流工具——发布、"艾特"、转发、评论、私信和搜索功能，即便足不出户也能够轻松找到你想找的人，看到你想了解的信息。

4. 沟通

微博营销可以建立直接、主动的沟通渠道，博得顾客的信任。发一条慰问的微博，在微博中"艾特"某个你关心的人，给顾客发的微博回一个有建设性的评论，帮人转发一条公益性微博，或者定时定量地私信一下你的粉丝，等等，通过这些互动来与你的消费者建立亲密关系，能够改变企业依赖媒体发布信息的局限，并且有针对性地服务于目标顾客群体，提高自身的品牌美誉度和顾客满意度。

（二）微博营销的策略

网络时代的每一次技术变革都伴随着新的商机，从即时通信工具到论坛网站，互联网的创新推动了新商业营销模式的不断涌现。微博因其独特的信息发布方式与广泛的社会影响力而越来越受到企业的关注，微博营销做得好，有助于传递良好的企业形象和企业文化，也会促进企业的发展。在开展微博营销时，要注意以下几个方面的工作：

1. 互动营销策略

互动营销策略是指企业在微博平台上运用正确的方式，在合适的时机建立企业与消费者之间的良性互动，找到两者间的利益平衡点，从而达到企业提供满足消费者诉求的产品或服务，同时，消费者依据自身需求选择商品令企业获益的目的，在拥有广泛信息覆盖面的同时，满足消费者的发声意愿。微博克服了以往传统媒介平台只有单向信息传播出口的缺点，企业可以利用它通过各种吸引眼球的话题、活动等促使用户积极参与讨论、转发、评论。可以说，微博的交互性促使其成为企业与消费者之间沟通的桥梁。

企业要了解市场需求，把握消费者动态，就需要与消费者进行直接沟通，利用微博的高效性、开放性、交互性等特点，积极与粉丝交流。企业也可对一些具有代表性的用户留言、回复进行转发，展现企业与消费者的互动理念，拉近与粉丝的距离，提升企业亲和力。

2. 情感营销策略

微博情感营销策略是指企业运用消费者普遍认可、信赖的人际传播优势，通过在微博平台上对目标用户进行情感分析、定位、互动、巩固等策略，挖掘、调动客户的情感需求，最终满足消费者诉求，实现营销目标。

我们知道，社会化媒体是建立在一定的人际关系链之上的，微博也具有基于人际关系的社会化传播特征，它的关注链条就是建立在相识人群、信任人群或有共同价值观人群之间的。一条微博借助转发、评论等手段可在这些具有特定联系的社交群体中广泛传播，包含在其内容中的情感因素也会随之扩散，这契合了企业进行情感营销的平台要求。

企业进行微博情感营销时，首先，需要进行情感定位，确定微博情感营销主题及内容。要做到这一点，需要分析大量的消费者信息，确定目标消费者并对其需求进行准确分析，只有这样，确定的情感营销主题才能为企业吸引更多目标消费者，也更容易使其成为忠实消费者。其次，情感营销的微博内容需形成一个有独特人格个性的虚拟情感形象，文字力求亲切自然，贴近消费者。只有满足消费者情感需求的人性化营销，才会使其产生信任感。最后，企业要利用微博强大的互动特性与消费者建立长期的情感联系。通过及时回复消费者的疑问、解决产品问题等积极行为，使消费者逐步产生对企业的信任与情感，在潜移默化中形成长效营销。

3. 整合营销传播策略

整合营销传播策略是指运用微博平台，综合海量信息与多重传播渠道等传播优势，通过事件营销、品牌推介等方式传播企业与品牌影响力。企业在进行微博整合营销时需要在有效把握目标受众心理的基础上，尽可能地调动各种资源，综合各种传播媒介和手段推广微博，提升微博影响力，使得顾客无论接触何种媒体都可便捷地了解到企业信息。整合营销传播理论在微博平台中的应用主要包括两个方面：一是企业微博内部的资源整合；二是企业微博与其他资源的整合。微博内部的整合包括企业的官方微博、企业管理者微博、企业子微博这三种资源的整合。

4. 优质内容策略

有了微博这样一个与消费者零距离接触的交流平台，企业的负面信息与不良的用户体验很容易迅速传播，可能给企业带来不利影响。好的企业微博就像企业的新闻发言人，发布的信息更具参考价值和可信度，承载了品牌形象推广和监测的功能。所以，微博发布的内容必须是优质的，此处的优质不是指语法、韵脚上的优质，而是指基于用户角度出发的一种考量，需要满足用户的审美和信息需求。

在进行微博内容创作时，企业需要注意以下几点：一是产品宣传避免单一的说教或者单向的传播，应巧妙利用植入式营销，突出消费者的感受，表现出乐于倾听和沟通的态度，尽力使文字简单、明晰、幽默、独特、口语化并带有时代特色。二是多搞互动营销活动。企业在微博上开展的活动对于消费者具有不可抵挡的魅力，要策划活动的类型和方式，改进活动的奖品或者激励措施，这样才能带来更多的关注、评论和转发，活动中如果能做到情感与"利益"（如奖品）共存，就意味着活动策划得较为完美。三是推进在线客户服务。要做到定时、定量、定向发布内容，让消费者养成浏览习惯，当消费者登录微博后，能够想着看看企业微博的新动态，只有做好在线服务才能达到这个成功的境界，因此，企业要通过微博尽可能持续出现在消费者眼前。

5. 意见领袖策略

在传播学中，活跃在人际传播网络中，经常为他人提供信息、观点或建议并对他人施加个人影响的人物，称为"意见领袖"。意见领袖作为媒介信息和影响的中介和过滤环节，可以对大众传播效果产生重要的影响。微博的意见领袖策略是指企业微博通过锁定意见领袖，并引导意见领袖去讨论和传播与企业或者产品有关的事件话题，快速、广泛地影响其他大量用户，从而达到提高品牌知名度或者其他预期的营销效果。

在互联网世界，意见领袖掌握着强大的话语权，时刻影响着数以万计的"围观"群众，每个意见领袖都有自己的粉丝群，其中既有名人也有草根。此外，不同领域的意见领袖之间关系密切，一个意见领袖对某一事件的关注，很容易引发互动频繁的其他意见领袖的转发与评论，可以迅速形成集聚效应，极大地加快信息的传播速度，扩大事件的影响力。然而，企业在使用意见领袖策略时应该注意，要选取和自己品牌形象符合的意见领袖，否则会有一种生硬的感觉，适得其反。

二、微信营销策略

如今微信使用越来越频繁，从聊天到创业赚钱，微信逐渐融入人们的生活，成为人们生活中的一部分。微信时代的来临，催生了微商营销的时代。不管是团体、组织，还是个人都可以抓住商机，营销自身的产品或品牌。在开展微信营销时，应注意以下几个方面：

（一）对目标群体准确定位

企业要知道，一个高质量的粉丝才具有价值。不同的行业、不同的企业或个人经营的产品不一样，因此，它们所要服务的对象也不一样。例如，苏宁易购，其经营的方向主要是电子电器之类的产品，因此，它的目标用户群是知识分子、上班族、家庭主妇或者对电子产品需求较大的电器商等。

对于企业、商家来说，根据商业目标、产品特色或者经营模式来定位粉丝是很有必要的。因为企业的最终目的是营销，如果没能对目标群体有一个准确的定位，那么吸引过来的粉丝很有可能都是一些"僵尸粉"。这样的粉丝数量只能算是一个数字，精确定位粉丝群体就是要明确目标群体，这样做是为了在做微信营销之前，提高粉丝的精确度，从而更好地实现营销活动。微信粉丝讲究的是质量而不是数量，如果粉丝定位准确，那么企业在运营过程中就能够明确每一次沟通、互动、推送的对象是谁，并且了解他们的需求。而精准是基于对客户的准确把握，所以，要做好微信营销，挖掘精准客户是关键。

1. 利用 QQ 挖掘用户

通过结合企业自身的行业属性，在 QQ 群中进行关键词检索，能更好地找到精准属性的潜在用户群。同时，QQ 账号与微信的打通大大增加了用户转化的便捷度。通过 QQ 邮件、好友邀请等方式，能批量实现 QQ 用户的导入，这种方法对于企业来说有一定的可行性和回报率。

2. 通过微博群、行业网站及论坛用户导入

这些平台上聚集的都是属性相同的用户群体，他们大多有相同的爱好，对于行业产品及服务具有同样相对强烈的兴趣及需求；通过对相应企业公众账号的推广，能获得一定比例的有效用户转化，虽然数量有限，但用户忠诚度往往相当高。

3. 做好精准营销客户管理系统

企业要建立科学的 CRM 系统，通过用户分组和地域控制有针对性地向目标客户推送信息，而不是对所有粉丝群发信息。除此之外，随着企业的发展，粉丝的数量可能大量增

加，企业需及时完善其 CRM 系统。

（二）朋友圈营销

发朋友圈时要注意以下几个方面：

一是发图的技巧。很多人都有轻微的"强迫症"，譬如看到朋友圈发图有空白的位置，就会有点受不了。面对这种情况，商家发图片的时候，最好不要留空白，要么发 1 张，要么发 3 张、6 张，这样的版式看起来更舒服，如果发 5、7、8 张图，让有点"强迫症"的人看到了会非常难受。不要只发文字。做微信营销的商家，最好采用图文并茂的方式或者文字和视频结合的方式发布信息，因为图片和视频比文字更加醒目、更加吸引人，蕴含的信息量也更大。

二是内容不宜过长。在朋友圈里，如果发布的内容太长，就会发生"折叠"，只显示前几行的文字，需要点击"全文"才能查看余下的内容。对很多人来说，对于那些必须点击"全文"才能看的内容，粉丝可能匆匆扫一眼就过了，这样一来，我们所编写的信息就失去了它所有的价值，而且内容越多，折叠得越厉害。微信作为一个社交平台，人们更愿意接受碎片式阅读形式，不喜欢那种长篇累牍式的文字，因此，对于微信营销人来说，不要让自己朋友圈的内容太过冗长，如果有很长的内容，建议将重点提炼出来，让人一眼就能扫到重点最好。

三是通过评论传递信息。如果朋友圈的内容长到没办法精简提炼，还可以利用另外一个功能，即评论功能将更多信息传递给受众。因为评论区域是没有折叠的，也就是说无论你发多长的评论，都会全部展现在好友面前，因此，微信营销人要善于利用朋友圈的评论功能，将他人看不到的内容写上去，或者将一些需要强调的重点写上去。

有的人说，评论有定向隐藏功能，即评论只有部分人能看到，其他人看不到。但事实上，自己给自己评论是没有定向隐藏功能的，也就是说微信里所有好友都能看到这条评论内容，因此，微信营销人不需要有什么顾虑。

四是少发硬性广告。在朋友圈里，人们最受不了的就是一天到晚发广告的微信营销者，尤其是一些没有内容又枯燥无味的广告。在这个微营销海量传播的时代，几乎每个人的通信录里都有一些做微信营销的人。我们的朋友圈，被各种各样的生活状态、心灵鸡汤、产品广告铺满，看到他人发的产品广告，偶尔也会产生去尝试使用这种产品的想法。但是，一旦朋友圈被这种广告刷屏占满，那么就不再有购买、使用的欲望了，反而想将对方屏蔽或拉黑。

在朋友圈发广告，一定要控制好节奏，不要一天到晚刷个不停，也不要一直重复地推广某个产品，除非你认为自己的商品足够有趣、内容足够丰富，否则就要尽量少发、不要重复发。

（三） 创意内容营销

做微信营销，最好为用户提供实用性的知识，同时，在满足受众的需求之外，还要开发有创意的文案。可以是结合网络用语加上搞笑的图片，也可以文字诙谐成趣，结合热点来进行诠释，还可以添加一些有趣的小游戏，或者猜谜发红包等，以此来吸引用户的眼球，形成互动。如果品牌长时间不与受众沟通或互动，也会有被取消关注的可能。所以，企业必须努力推送"完美"的内容，这里的"完美"主要体现在质、量以及形式等方面。

1. 质的完美

被认证的公众账号群发信息数量是每天三条，在这有限的信息中，应当减少广告的硬推送，更多的是与受众保持一种联系，培养受众对品牌的情感，而不是让受众感觉到账号是一个单纯的传播广告的媒体。因此，企业在推送信息时必须注重信息的可读性和趣味性。

2. 量的完美

为了让受众及时了解相关信息，企业会向其粉丝推送产品和活动信息，但"轰炸式"的信息推送会造成客户的极大反感。过快的推送节奏极有可能迫使客户取消对企业官方微信的关注。据调查，企业推送信息的频率为两三天一次为宜，尽量保持适当的活跃度。

3. 形式的完美

信息以何种形式进行推送，也会影响用户的接受程度。以星巴克（中国）的公众账号为例，在推送的内容上设置了新品、杯子、美食等选项，供不同口味的人选择，回复不同的代码会得到相应的答复，非常有趣。通过这种互动形式不仅拉近了品牌与受众的距离，而且可以通过回复的内容更加精确地了解受众的兴趣所在。所以，企业应该努力使推送内容的形式多样化，让用户体会到不同的乐趣，从而增强对品牌的忠诚度。

（四） 塑造"服务"形象

微信作为一种强关系的通信工具，到达率高，受众忠诚度高，转化率也会高，但也正是因为这种强关系，所以特别容易"得罪"粉丝。如果企业一味地把用户当成盈利的"靶子"，就很容易造成用户反感，取消对公众账号的关注，没有了关注，一切便都化为泡影。所以，做好微信营销的关键就是"做好服务"。我们知道，微信营销具有信息交流互动性强的特点，客户和企业可以随时进行交流互动，这就要求企业的微信客服具有良好的亲和力。客户与企业的交流具有私密性，就导致同一时间可能有多位客户与企业客服进行沟通，企业客服应耐心、详细地回答每一位客户的问题并为之提供相关的建议。在公众账号的系统开放和升级上，也要从"服务用户"的角度出发，增强用户对品牌的黏性。

第六章 市场营销中的物流经济分析与控制

第一节 物流经济分析的基本要素与方法

一、物流经济分析的基本要素

在对一个物流系统方案进行技术经济分析时，首先要有物流系统的项目方案，这是物流技术经济分析的具体对象。在此基础上考虑物流项目的投入和产出，并加以比较，以评价其经济效果的高低，同时还需要考虑项目的社会影响。一般来说，物流项目投资、物流成本属于项目投入的内容，而物流项目的净收益则是产出的主要内容。

（一）物流投资

"投资"一词具有双重含义：一是指特定的经济活动，即为了将来获得收益或避免风险而进行的资金投放活动；二是指投放的资金，对物流投资而言即是为了保证物流项目投产和生产经营活动的正常进行而投入的活劳动和物化劳动价值的总和，主要由物流固定资产和流动资产投资两部分构成。在实际经济生活中，投资的这两种含义都被人们广泛地应用。

物流固定资产投资是指用于建设或购置物流固定资产所投入的资金。物流固定资产是指使用期限超过一年的房屋、建筑物、机器机械、运输工具以及其他与物流生产经营有关的设备、工具、器具，等等。物流固定资产投资由工程费用、其他费用、预备费月等组成。

物流流动资产投资是指物流项目在投产前预先垫付、在投产后营运过程中周转使用的资金。物流流动资产是指可以在一年或者超过一年的一个营运周期内变现或者耗用的资产，由应收及预付款项、存货、现金等项组成。

（二）物流成本与费用

成本通常是指为获得商品和服务所需支付的费用。这似乎是明确的，但事实上成本的含义非常广，不同的情况需要不同的成本概念。

物流成本是指产品在空间位移（含静止）过程中所耗费的各种劳动和物化劳动的货币表现。具体地说，它是产品在实物运动过程中，如包装、装卸、储存、运输、流通加工等各个活动中所支出的人力、财力和物力的总和。

1. 按物流成本的范围分类

物流成本就其范围而言有广义和狭义之分。狭义的物流成本是指由于物品实体的场所或位置移动而引起的有关运输、包装、装卸等成本；广义的物流成本是指包括生产、流通、消费全过程的物品实体与价值变换而发生的全部成本，具体包括从生产企业内部原材料协作件的采购、供应开始，经过生产制造过程中的半成品存放、搬运、装卸、成品包装及运送到流通领域，进入仓库验收、分类、储存、保管、配送、运输，最后到消费者手中的全过程发生的所有成本。

2. 按实体经营性质分类

若按实体的经营性质不同，物流成本可分为制造企业物流成本和流通企业物流成本。生产企业主要是生产满足市场需求的各种产品。为了进行生产活动，生产企业必须同时进行有关生产要素的购进和产品的销售，同时，为保证产品质量，并为消费者服务，生产企业还要进行产品的返修和废物的回收。因此，生产性企业物流成本是指企业在进行供应、生产、销售、回收等过程中所发生的运输、包装、保管、配送、回收方面的成本。与流通相比，生产企业的物流成本大都体现在所生产的产品成本中，具有与产品成本的不可分割性。

3. 按物流流动过程分类

按物流流动过程的先后顺序，物流成本可分为物流筹备费（物流计划费、预测费、准备费）、供应物流费（采购、仓储物流费）、生产物流费、销售物流费、退货物流费和废弃物流费。供应物流费包括企业为生产产品购买各种原材料、燃料、外购件等所发生的运输、装卸、搬运等成本；生产物流费是指企业在生产产品时，由于材料、半成品、成品的位置转移而发生的搬运、配送、发料、收料等方面的成本；销售物流费是指企业为实现商品价值，在产品销售过程中所发生的储存、运输、包装及服务成本；退货物流费是指产品销售后因退货、换货所引起的物流成本；废弃物流费是指因废品、不合格产品的物流所形成的物流成本。

4. 按物流成本显现性分类

根据物流成本在生产经营过程中的显现性，可以将物流成本分为显性成本和隐性成本。

显性成本是指厂商在生产过程中购买或租用所有生产要素的实际支出，在中国现行会计报表中所体现的"物流成本"即为显性成本。物流显性成本主要包括仓库租金、运输费用、包装费用、装卸费用、加工费用、订单清关费用、人员工资、管理费用、办公费用、应交税金、设备折旧费用、设施折旧费用、物流软件费用等，大部分的显性成本可以通过原始凭证反映和计算。

隐性成本是指财务会计核算中没有反映，需要企业在会计核算体系之外单独计算的成本，属于管理会计领域的成本。从广义上讲，凡是企业在运输、储存、包装、装卸搬运、流通加工等物流活动中使用自有资源产生的机会成本，都可称为企业的隐性成本，如库存占压资金利息成本、缺货损失成本、退换货损失成本、物流设施设备占压资金利息成本，等等。随着对企业物流成本挖掘的深入，隐性成本包含的内容会被更多地揭示出来，隐性物流成本的计算也将更加完整、准确。

5. 按物流成本归属方式分类

物流成本按其归属方式可以分为直接物流成本、间接物流成本和日常费用。直接物流成本是那些为完成物流工作而特别发生的费用；间接物流成本是指投在房地产、运输、设备和库存的资本成本，通常由管理层判断决定其归属方式；日常费用则是伴随企业的所有组织单位和物流活动所发生的费用。

（三）物流税收与税金

税收是国家凭借政治权力参与国民收入分配和再分配的一种形式，具有强制性、无偿性和固定性三大特点。

我国目前的工商税制分为流转税、资源税、收益税、财产税、特定行为税等几类。其中，与经济分析有关的主要税种是从收入中扣除的增值税、营业税、资源税、城市维护建设税和教育费附加，计入总成本费用的房产税、土地使用税、车船使用税、印花税等，计入固定资产总投资的固定资产投资方向调节税，以及从利润中扣除的所得税，等等。

物流企业提供劳务的范围比较广泛，所适用的税收政策散见于营业税、房产税、所得税、印花税等暂行条例之中。

1. 营业税

物流企业提供运输、配送、装卸、搬运等劳务取得的收入，按"交通运输业"缴纳营业税，税率为 3%；物流企业提供货代、仓储、包装、物流加工、租赁等业务取得的收入，按"服务业"税目征税，税率为 5%。

物流业务应按其收入性质分别核算。提供运输劳务取得的运输收入按"交通运输业"税目征收营业税并具货物运输业发票。凡未按规定分别核算其营业税应税收入的，一律按"服务业"税目征收营业税。纳税人将承揽的运输业务分给其他单位或个人的，以其取得的全部价款和价外费用扣除其支付给其他单位或者个人的运输费用后的余额为营业额。

2. 企业所得税

物流企业在同一省、自治区、直辖市范围内设立的跨区域机构（包括场所、网点），凡在总部统一领导下统一经营、统一核算，不设银行结算账户、不编制财务报表和账簿，并与总部微机联网，实行统一规范管理的企业，其企业所得税由总部统一缴纳，跨区域机构不就地缴纳企业所得税。凡不符合上述条件之一的跨区域机构，不得纳入统一纳税范围，应就地缴纳企业所得税。

3. 房产税

物流企业适用的房产税包括两类：

（1）就其拥有的房产按房产原值一次减除 10% ~ 30%（江苏减除 30%）的余值后按 1.2% 税率计征房产税。

（2）按房产出租的租金收入计征，应就其取得的租金按 12% 的比率征收房产税。

4. 印花税

印花税是一种具有行为税性质的凭证税，凡发生书立、使用、领受应税凭证的行为，就必须依照印花税法的有关规定履行纳税义务。就物流企业而言，与客户签订的财产租赁合同、货物运输合同、仓储保管合同就合同金额的一定比率缴纳印花税。

（四）利润

如果不能获得利润，企业就不能生存。因此，不管企业家是否以利润最大化为其首要目标，利润在企业做出决策时的至关重要地位是不容置疑的。企业的利润应当是企业的总经营收益减去企业投入的总成本，正因为成本有不同的含义，所以，利润也就有不同的含义。

要想让一个企业继续在原行业经营，企业主所有投入的自有要素必须得到最低报酬，否则企业就会倒闭，自有资金就会投入他用，企业家也会另谋他业。对隐性成本的报酬是正常利润。

利润是物流企业在一定期间的经营成果，是物流企业的收入减去有关的成本与费用后的差额。收入大于相关的成本与费用，物流企业就可获取盈利；收入小于相关的成本与费用，物流企业就会发生亏损。

物流企业的利润一般包括营业利润、投资收益和营业外收支净额三个部分。如果物流企业能够按规定获取补贴收入，则也应将补贴收入作为当期利润总额的组成部分。

利润总额的计算公式如下：

$$利润总额=营业利润+投资收益-营业外收支净额+补贴收入 \qquad (式6-1)$$

1. 营业利润

营业利润是物流企业利润的主要来源，又分为主营业务利润和其他业务利润两个部分。具体来讲，营业利润等于主营业务利润加上其他业务利润，再减去有关的期间费用后的余额。其用公式表示为：

$$营业利润=主营业务利润+其他业务利润-营业费用-管理费用-财务费用$$
$$(式5-2)$$

主营业务利润又称基本业务利润，是指物流企业的主营业务收入减去主营业务成本与主营业务税金及附加后的余额。其用公式表示为：

$$主营业务利润=主营业务收入-主营业务成本-主营业务税金及附加 \qquad (式6-3)$$

其他业务利润是指物流企业主管业务以外的其他业务活动所产生的利润，等于其他业务收入减去其他业务支出。其中，其他业务支出包括物流企业在经营其他业务过程中所发生的成本费用以及由其他业务收入所负担的流转税，等等。

2. 投资收益

投资收益是指物流企业在对外投资过程中所获投资收益扣除投资损失后的数额。

3. 营业外收支净额

营业外收支净额是指与物流企业生产经营活动没有直接关系的营业外收入减去营业外支出后的余额。虽然营业外收支净额与物流企业的生产经营活动没有直接联系，但从物流企业主体看，它同样要影响物流企业的盈利。

4. 补贴收入

补贴收入是指物流企业按规定应收的各种补贴。

净利润是物流企业当期利润总额减去所得税以后的余额，即物流企业的税后利润。其用公式表示为：

$$净利润 = 利润总额 - 所得税 \qquad (式6-4)$$

（五）经济效果

通常把成果与消耗之比、产出与投入之比称为经济效果，而将经济活动中所取得的有效劳动成果与劳动耗费的比较称为经济效益。

应当指出，对上述经济效果概念及表达式的理解必须注意以下三点：

第一，成果和劳动耗费相比较是理解经济效果的本质。在现实生活中，较常见的对经济效果的误解大致有三种：传统观念较深的人，他们将数量（产量、产值）的多少视作经济效果，产量大、产值高就是经济效果好；把"快"和"速度"视作经济效果；认为企业利润就是经济效果，钱赚得多，就是经济效果好。

为了防止出现对经济效果概念的误解，必须强调将成果和劳动消耗联系起来综合考虑的原则，而不能仅使用单独的成果或消耗指标。不将成果与消耗、投入与产出相联系，就无法判断其优劣、好坏。在投入一定时，也可以单独用产出衡量经济效果，产出越多，效果越好；在产出一定时，投入越少越好。

第二，项目的不同方案实施后的效果有好坏之分，如环境污染就是生产活动造成的坏的效果，或者称为负效果。经济效益概念中的产出是指有效产出，是指对社会有用的劳动成果，即对社会有益的产品或服务。不符合社会需要的产品或服务，其生产越多，浪费越大，经济效益就越差。反映产出的指标包括三方面：数量指标，如产量、销量、销售收入、总产值、净产值等；质量指标，如产品寿命、可靠性、精度、合格率、品种、优等品率等；时间指标，如产品设计和制造周期、工程项目建设期、工程项目达产期；等等。

第三，经济效果概念中的劳动消耗包括项目方案消耗的全部人力、物力、财力，即包括生产过程中的直接劳动的消耗、劳动占用、间接劳动消耗三部分。直接劳动的消耗指技术方案在生产运行中所消耗的原材料、燃料、动力、生产设备等物化劳动消耗以及劳动力等活劳动消耗。这些单项消耗指标都是产品制造成本的构成部分，因而产品制造成本是衡量劳动消耗的综合性价值指标。

劳动占用通常指技术方案为正常进行生产而长期占用的用货币表现的厂房、设备、资金等，通常分为固定资金和流动资金两部分。投资是衡量劳动占用的综合性指标。

间接劳动的消耗是指在项目方案实施过程中社会发生的消耗。

二、物流经济分析的基本方法

（一） 边际分析法

边际的含义本身就是因变量关于自变量的变化率，或者说是自变量变化一个单位时因变量的改变量。边际分析法包含两个重要概念。

第一，边际成本：每增加一个单位的产品所引起的成本增量。

第二，边际收益：每增加一个单位的产品所带来的收益增量。

企业在判断一项经济活动对企业的利弊时，不是依据它的全部成本，而是依据它所引起的边际收益与边际成本的比较。若前者大于后者，这项活动就对企业有利，反之则不利。

边际分析法体现了向前看的决策思想，是寻求最优解的核心工具。边际分析法的主要应用方向有确定企业规模、制定价格策略、确定要素投入量、产品结构分析，等等。

1. 确定企业规模

规模的大小直接影响企业的生产效益。当一个企业要扩大规模时，它就要分析每增大一个单位的规模可能带来的产出的增量，这就是边际分析。科学的边际分析法可以使企业的规模确定在一个最合理的范围内。边际利润的计算公式如下：

$$\pi = MR - MC \qquad\qquad （式6-5）$$

式中，π 为边际利润；MR 为边际收益；MC 为边际成本。

当 $\pi > 0$ 时，每增加一个单位的产品，获得的收益增量比引起的成本增量大，说明企业还没有达到能够获得最大收益的产量规模，此时企业应该扩大产量。

当 $\pi < 0$ 时，每增加一个单位的产品，所引起的成本增量比所能获得的收益增量大，说明企业应该减小产量。

当 $\pi = 0$ 时，企业达到最优的产量规模。

2. 制定价格策略

每提高（或降低）一个单位的价格，对总收益会产生什么样的影响，实际上也要用到边际分析法，它可以帮助企业制定具有竞争力的价格策略。

3. 确定要素投入量

在确定生产中需要投入的各个要素的量时，需要分析每增加一个单位的某种要素时，对总的收益会产生什么影响。这也是边际分析法的应用。

4. 产品结构分析

大多数企业不只生产一种产品，各种产品生产的比例就是产品结构。确定各个产品生产多少的比例关系就可以运用边际分析法——对各个产品的边际效益进行分析。边际效益就是对一种产品的生产增加一个单位的资金投入所引起的收益的变化量。如果把资金增量投入各个产品所能产生的边际效益是相等的，那么这个企业的产品结构就是合理的；否则，其中必定有某种产品值得扩大规模，以带来更多的收益。针对产品结构进行边际分析，可以明确哪些产品需要增加投入，哪些产品需要缩小生产规模。

（二）成本收益分析法

成本收益分析是一种量入为出的经济理念，它要求对未来行动有预期目标，并对预期目标的概率有所把握。经济学的成本收益分析法是一种普遍的方法。采用成本收益分析法的前提是追求效用的最大化。从事经济活动的主体，从追求利润最大化出发，总要力图用最小的成本获取最大的收益。在经济活动中，人们之所以要进行成本收益分析，就是要以最少的投入获得最大的收益。

成本收益分析法的基本原理是针对某项支出目标，提出若干实现该目标的方案，运用一定的技术方法计算每种方案的成本和收益，通过比较方法，并依据一定的原则，选择最优的决策方案。

1. 净现值法

净现值法是一项投资所产生的未来现金流的折现值与项目投资成本之间的差值。该方法是利用净现金效益量的总现值与净现金投资量算出净现值，然后根据净现值的大小评价投资方案。净现值为正值，投资方案是可以接受的；净现值为负值，投资方案就是不可接受的。净现值越大，投资方案越好。净现值法是一种比较科学和简便的投资方案评价方法。

2. 现值指数法

现值指数法是通过计算比较现值指数指标判断决策方案好坏的方法。现值指数是指未来收益的现值总额和初始投资现值总额之比，其实质是每一元初始投资所能获取的未来收益的现值额。

3. 内含报酬率法

内含报酬率是指能够使未来现金流入现值等于未来现金流出现值的贴现率，或者说是使投资方案净现值为零的贴现率。内含报酬率法是根据方案本身内含报酬率评价方案优劣的一种方法。内含报酬率大于资金成本率，则方案可行，且内含报酬率越高，方案越优。

三种方法各有其特点，具有不同的适用性。一般而言，如果投资项目是不可分割的，应采用净现值法；如果投资项目是可分割的，应采用现值指数法，优先采用现值指数高的项目；如果投资项目的收益可以用于再投资，则可采用内含报酬率法。

（三）贡献分析法

贡献分析法是增量分析法（边际分析法的变形）在成本利润分析中的应用，通过贡献的计算和比较，判断一个方案是否可以被接受。

贡献是指一个方案能够为企业增加的利润，因此，贡献也就是增量利润，等于由决策引起的增量收入减去由决策引起的增量成本，即

$$贡献（增量利润）= 增量收入 - 增量成本 \qquad （式6-6）$$

贡献分析法是通过贡献的计算和比较，判断一个决策是否可以被接受的方法。如果贡献大于零，说明这一决策能使利润增加，因而是可以接受的。如果有两个以上的方案，它们的贡献都是正值，则贡献大的方案就是较优的方案。由于贡献可以用于补偿固定成本和提供利润，因此，贡献也被称为"对固定成本和利润的贡献"，有时也称为"利润贡献"。

在产量决策中，常常使用"单位产品贡献"这个概念，即增加一个单位产量能给企业增加多少利润。用贡献分析法进行决策分析时，不必考虑固定成本的大小。因为固定成本不受决策的影响，属于沉没成本。如果产品的价格不变，增加单位产量的增量收入就等于价格，增加单位产量的增量成本就等于变动成本。此时，增加单位产量的贡献就等于价格减去单位变动成本，即

$$单位产品贡献 = 价格 - 单位变动成本 \qquad （式6-7）$$

由于价格是由变动成本、固定成本和利润三部分组成的，因此，贡献也等于固定成本加利润，即企业得到的贡献，首先要用于补偿固定成本的支出，剩下部分就是企业的利润。当企业不盈不亏（利润为零）时，贡献与固定成本的值相等。

贡献分析法主要用于企业的短期决策。短期是指此期间很短，以致在诸种投入要素中至少有一种或若干要素的数量固定不变。即使企业不生产，此时设备、厂房、管理人员工资等固定成本也仍然要支出，因此属于沉没成本，在决策时不应加以考虑。正因为这样，在短期决策中，决策的准则应是贡献（增量利润），而不是利润（利润是长期决策的根据）。区分利润和贡献对企业的生产经营和管理决策是至关重要的。

贡献是短期决策的根据，但这并不等于利润不重要，因为利润是长期决策的根据。要不要在这家企业投资，要不要新建一家企业，属于长期决策。在亏损的情况下，接受订货，即使有贡献，也只能是暂时的。企业如果长期亏损得不到扭转，最终是要破产的。

第二节　物流成本管理概述

一、物流成本的概念

在物流活动中，为了提供有关服务，需要占用和耗费一定的活劳动和物化劳动，这些在物流活动中所消耗的物化劳动和活劳动的货币表现即为物流成本，也称物流费用。物流成本也就是产品在实物运动过程中，如包装、运输、储存、流通加工、物流信息等各个环节所支出的人力、物力和财力的总和。

物流成本管理是对物流相关费用进行的计划、协调与控制。物流成本管理是通过成本去管理物流，即管理的对象是物流而不是成本。物流成本管理可以说是以成本为手段的物流管理方法。

二、物流成本的构成

广义的物流成本包括客户服务成本与狭义的物流成本。狭义的物流成本涵盖生产、流通、消费全过程的物品实体与价值变化而发生的全部费用，包括从生产企业内部原材料的采购、供应，经过生产制造中的半成品、产成品的仓储、搬运、装卸、包装、运输以及在消费领域验收、分类、仓储、保管、配送、废品回收等过程发生的所有成本。具体来讲，狭义的物流成本由以下几部分构成：

（一）物流活动中的物资消耗，主要包括电力、燃料、包装耗材、固定资产的损耗，等等。

（二）物资在物流活动中发生的合理损耗。

（三）企业为了开展物流活动而投入的人力成本。

（四）物流活动中发生的其他费用，包括与物流活动有关的办公、差旅支出。

（五）用于保证物流系统顺利运行的资金成本。

（六）研究设计、重建与优化物流过程的费用。

三、物流成本的分类

物流成本的分类如下所述：

（一）按经济内容分类

物流成本分为固定资产折旧费、材料费、燃料动力费、工资、利息支出、税金、其他支出。

（二）按物流功能分类

物流成本分为运输成本、流通加工成本、配送成本、包装成本、装卸与搬运成本、仓储成本。

（三）按成本与业务量的关系分类

分为固定成本和变动成本。固定成本是指成本总额保持稳定，与业务量的变化无关的成本。变动成本是指其发生总额随业务量的增减变化而近似成正比例增减变化的成本。对混合成本可按一定方法将其分解为变动与固定两部分，并分别划归到变动成本与固定成本中。

（四）按物流成本是否具有可控性分类

物流成本分为可控成本与不可控成本。可控成本是指考核对象对成本的发生能够控制的成本。由于可控成本对各责任中心来说是可控制的，因此必须对其负责。不可控成本是指考核对象对成本的发生不能予以控制的成本，因而也不予负责的成本。从整个企业来考察，所发生的一切费用都是可控的，只需要把这种可控性分解并落实到相应的责任部门即可。

（五）按物流费用支出形式分类

物流成本分为直接物流成本和间接物流成本。

（六）按物流活动发生的范围分类

物流成本分为采购物流费、工厂内部物流费、销售物流费、退货物流费、废弃物流费。

第三节　物流系统本量利分析

一、本量利分析的基本原理与相关概念

本量利分析又称量本利分析，是成本—业务量—利润关系分析的简称。作为一种定量分析方法，本量利分析是在变动成本计算模式的基础上，以数学模型与图形揭示固定成本、变动成本、营业量、单价、营业额、利润等变量之间的内在规律性联系，从而为预测和决策规划提供必需的财务信息的一种定量分析方法。

本量利分析的基本假设如下：

（一）成本习性分析假定（固定成本不变，变动成本与产量成正比变化）。

（二）销售价格不变（销售价格不随该产品销售量的变化而变化，可看作一个常数）。

（三）产销平衡（产量等于销量）。

（四）相关范围假定（业务量 $x \leqslant x_{\max}$），固定成本总额的不变性和单位变动成本的不变性才得以存在。

本量利分析考虑的因素主要包括固定成本 a、单位变动成本 b、业务量 x、单价 p、营业额 px 和营业利润 P，等等。这些变量之间的关系为：

$$P = px - (a + bx) = (p - b)x - a \qquad \text{（式 6-8）}$$

上式是建立本量利分析的数学模型的基础，是本量利分析的基本公式。

上式变形后可知，营业利润等于产品单价与单位变动成本之差乘以营业量后再减去固定成本。这里的产品单价与单位变动成本之差是本量利分析中一个十分重要的概念，即单位边际贡献（记作 cm），而单位边际贡献与营业量的乘积被称为边际贡献（记作 Tcm）。本量利分析中另一个与边际贡献有关的重要概念就是边际贡献率（记作 cmR）。边际贡献率的计算公式如下：

$$cmR = \frac{p - b}{p} \times 100\% \qquad \text{（式 6-9）}$$

在引入了边际贡献的概念之后，可以对本量利公式进行如下变化：

$$P = Tcm - a \qquad \text{（式 6-10）}$$

从上式可以看出，各种服务或产品提供的边际贡献与营业利润的形成有着十分密切的关系：边际贡献首先要被用于补偿固定成本；只有当边际贡献大于固定成本时，才有可能

获得利润，否则将会出现亏损。

在上式的基础上，还可以推导出以下公式：

$$Tcm = a + P \qquad\qquad （式6-11）$$

$$a = Tcm - P \qquad\qquad （式6-12）$$

与边际贡献率密切关联的指标是变动成本率。变动成本率（记作 bR）是指单位变动成本占单价的百分比。其计算公式如下：

$$bR = \frac{b}{p} \times 100\% \qquad\qquad （式6-13）$$

边际贡献率与变动成本率两指标之间的关系可以用以下公式表示：

$$cmR = 1 - bR \qquad\qquad （式6-14）$$

$$bR = 1 - cmR \qquad\qquad （式6-15）$$

由上面两个公式可知，边际贡献率与变动成本率之和等于1。因此，变动成本率越高，边际贡献率越低，产品或服务的获利能力越小；反之，变动成本率越低，边际贡献率就会越高，产品或服务的获利能力就越大。

二、物流系统的本量利分析

物流系统的本量利分析包括盈亏平衡分析和盈利条件下的本量利分析。盈亏平衡分析就是根据成本、营业收入、利润等因素之间的函数关系，预测企业或物流系统在什么情况下可以达到不盈不可的状态；而盈利条件下的本量利分析主要考虑在特定利润要求情况下应达到的业务量，以及在一定业务量情况下企业或物流系统的利润以及安全边际情况。

（一）盈亏平衡分析

物流作业的盈亏平衡点是指物流作业在一定时期内的收入与成本相等，既没有盈利也不亏损，利润额为零。当企业的物流作业业务量（额）低于该点时，企业在该项物流作业中会出现亏损，因此，该点是企业可以接受的业务量（额）的最低线，当业务量（额）低于该点时，企业应当拒绝该单生意。物流作业的盈亏平衡点既可以用盈亏平衡点营业量表示，也可以用盈亏平衡点营业额表示。

物流作业盈亏平衡点可以通过等式计算法进行计算。等式计算法是通过本量利关系基本公式计算盈亏平衡状态下的营业量，进而计算营业额的方法。

本量利分析的基本公式为：

$$P = px - (a + bx) \qquad\qquad （式6-16）$$

当物流作业处于盈亏平衡时，$P = 0$。

因此，$px_0 - (a + bx_0) = 0$，便可以求出盈亏平衡时的物流作业营业量：

$$x_0 = \frac{a}{p - b} \qquad （式6-17）$$

进一步可以求出盈亏平衡时物流作业的营业额：

$$y_0 = px_0 \qquad （式6-18）$$

通过等式计算法可以精确地计算出盈亏平衡状态下的营业量或营业额。

（二）盈利条件下的本量利分析

当物流作业的营业量（额）超过盈亏平衡点以后，企业还要对物流经营的安全程度进行评价，当安全度较低时，企业也需要采取相应措施提高营业量（额），以保证物流经营的安全性。

物流经营安全边际指标的计算。安全边际指标是指将现有或预计的物流作业营业量（可以用营业量 x_1 表示，也可以用营业额 y_1 表示）与处于盈亏平衡状态下的营业量进行比较，并由两者之间的差额确定的定量分析指标。

安全边际指标包括两种形式：绝对形式和相对形式。安全边际指标的绝对形式又可分为安全边际营业量（以下简称安全边际量，记作 MS 量）和安全边际营业额（以下简称安全边际额，记作 MS 额），它们的计算公式分别为：

$$MS 量 = x_1 - x_0 \qquad （式6-19）$$

$$MS 额 = y_1 - y_0 \qquad （式6-20）$$

安全边际量与安全边际额有如下关系：

$$MS 额 = MS 量 \times p \qquad （式6-21）$$

安全边际的相对形式称为安全边际率（记作 MSR）。其计算公式为：

$$MSR = \frac{x_1 - x_0}{x_1} \times 100\% = \frac{y_1 - y_0}{y_1} \times 100\% \qquad （式6-22）$$

与安全边际率相连的另一个衡量物流经营安全的指标是保本作业率指标。保本作业率又称为危险率（记作 dR），是盈亏平衡状态下物流作业的营业量占现有或预计营业量的百分比。其计算公式为

$$dR = \frac{x_0}{x_1} \times 100\% = \frac{y_0}{y_1} \times 100 \qquad （式6-23）$$

显然

$$MSR + dR = 1 \qquad\qquad (式6-24)$$

与安全边际指标不同，保本作业率是一个负向指标，该指标越小，说明现有或预计营业量距离盈亏平衡状态下的营业量越远，因而物流经营也就越安全。

第四节　物流成本的控制原理与方法

一、物流成本的控制原理

（一）物流成本控制的基本内容

物流成本控制是企业在物流活动中依据物流成本标准，对实际发生的物流成本进行严格的审核，发现浪费，进而采取不断降低物流成本的措施，以实现预定的物流成本目标。进行物流成本控制时，应根据物流成本的特性和类别，在物流成本的形成过程中，对其事前进行规划，事中进行指导、限制和监督，事后进行分析评价，总结经验教训，不断采取改进措施，使企业的物流成本不断降低。

物流成本控制的基本内容如下：

1. 运输成本控制

例如，加强运输的经济核算、防止运输过程中的差错事故、做到安全运输，等等。

2. 库存持有成本的控制

例如，合理确定存货数量、库存占企业资产的比例，合理考虑库存结构、安全存量设置、资产周转率、投资机会及企业的盈利能力。

3. 装卸搬运成本的控制

例如，合理选择装卸搬运设备、防止机械设备的无效作业、合理规划装卸方式和装卸作业过程、减少装卸次数、缩短操作距离、提高被装卸物资纯度，等等。

4. 包装成本控制

例如，选择包装材料时要进行经济分析，运用成本计算降低包装成本，包装的回收和旧包装的再利用，实现包装尺寸的标准化、包装作业的机械化，有条件时组织散装物流，等等。

5. 流通加工成本的控制

例如，合理确定流通加工的方式、合理确定加工能力、加强流通加工的生产管理、制定反映流通加工特征的经济指标，等等。通过成本控制，可以及时发现存在的问题，采取纠正措施，保证成本目标的实现。

现代物流成本控制是企业全员控制、全过程控制、全环节控制和全方位控制，是商品使用价值和价值结合的控制，是经济和技术结合的控制。

（二）物流成本控制的环节

物流成本控制按控制的时间具体可分为物流成本事前控制、物流成本事中控制和物流成本事后控制三个环节。

第一，物流成本事前控制是物流活动或提供物流作业前对影响物流成本的经济活动进行事前规划、审核，确定目标物流成本，它是物流成本的前馈控制。

第二，物流成本事中控制是在物流成本形成过程中，随时对实际发生的物流成本与目标物流成本进行对比，及时发现差异并采取相应措施予以纠正，以保证物流成本目标的实现，它是物流成本的过程控制。

第三，物流成本事后控制是物流成本形成之后，对实际物流成本的计算、分析和考核，它是物流成本的后馈控制。物流成本事后控制通过实际物流成本和一定标准的比较，确定物流成本的节约或浪费，并进行深入的分析，查明物流成本节约或超支的主客观原因，确定其责任归属，对物流成本责任单位进行相应的考核和奖惩。通过对物流成本的分析，为日后的物流成本控制提出积极的改进意见和措施，进一步修订物流成本控制标准，改进各项物流成本控制制度，以达到降低物流成本的目的。

二、物流成本控制的具体方法

（一）弹性预算法

弹性预算法又称变动预算法、滑动预算法，是在变动成本法的基础上，以未来不同业务水平为基础编制预算的方法。弹性预算法是固定预算法的升华版，弥补了固定预算法的缺陷，是动态的预算法。它是指以预算期间可能发生的多种业务量水平为基础，分别确定与之相应的费用数额而编制的能适应多种业务量水平的费用预算，以便分别反映在各业务量的情况下所应开支（或取得）的费用（或利润）水平。

由于这种预算可以随着业务量的变化而反映该业务量水平下的支出控制数，具有一定的伸缩性，因此其称为弹性预算。

1. 弹性预算法基本原理

弹性预算法的基本原理是把成本费用按成本习性分为变动费用与固定费用两大部分，只调整变动费用。

固定费用在其相关范围内，其总额一般不随业务量的增减而变动。

2. 弹性预算的特点

弹性预算的特点如下：

（1）具有伸缩性。

（2）前提是成本可分为固定成本和变动成本。

（3）当用弹性预算衡量业绩时，是将与实际业务量相对应的预算成本和实际成本相比，而不是最初编制的预算成本与实际成本相比。

（二）目标成本法

1. 目标成本法概述

目标成本是指根据市场调查，预计可实现的物流营业收入，为了实现目标利润而必须达成的成本目标值。换句话说，目标成本即生命周期成本下的最大成本容许值。

2. 目标成本的确定

传统产品的设计和售价决定方法与目标成本法有所不同，传统法是先做市场调查后设计新产品，再计算出产品成本，然后估计产品是否有销路，最后加上所需利润计算出产品的售价。

目标成本法在产品企划与设计阶段就首先做市场调查，制定出目标售价（最可能被消费者接受的售价），其次根据企划中长期计划制定出目标利润，最后以目标售价减去目标利润即为产品的目标成本。其计算公式为：

$$目标成本 = 目标售价 - 目标利润 \qquad （式6-25）$$

目标成本的确定一般包括制定目标售价、确定目标利润和确定目标成本三个步骤。

（1）制定目标售价

目标售价的制定通常可运用下列两种方法：

①消费者需求研究方法。新产品推出前要先做市场研究，以回答一些问题，如市场目

前和将来需要什么样的产品，消费者要求这些产品具有哪些功能与特色，这些产品的需求量如何，客户能接受的价格是多少，等等。

主要对以下问题进行市场调查研究：

第一，对经济、政治、人口、产业等宏观或总体性资料进行收集与预测。

第二，对过去、目前和将来的顾客进行系统的消费者需求调查。

第三，选取特定消费者样本群体，对他们的需求进行深入研究。

②竞争者分析方法。收集竞争对手及其产品的资料与将来计划，这些资料及分析可回答一些问题。例如，竞争对手现有哪些产品，将来可能有哪些产品；竞争对手产品品质、服务水准如何；竞争对手产品有哪些功能及特性，价格水准如何，等等。

可以将主要竞争对手产品的资料收集在品质功能矩阵表中，然后将本企业的产品资料与竞争对手的资料进行比较。

（2）确定目标利润

每种产品可能因不同市场需求、售价政策、成本结构、所需投入资本、品质等因素不同，其利润目标也会有所不同。

确定目标利润可采用目标利润率法：

$$目标利润 = 预计服务收入 \times 同类企业平均营业利润率 \qquad （式6-26）$$

或

$$目标利润 = 本企业净资产 \times 同类企业平均净资产利润率 \qquad （式6-27）$$

或

$$目标利润 = 本企业总资产 \times 同类企业平均资产利润率 \qquad （式6-28）$$

（3）确定目标成本

目标成本为目标售价减去目标利润。按上述方法计算出的目标成本只是初步的设想，提供了一个分析问题的合乎需要的起点。它不一定完全符合实际，还需要对其进行可行性分析。

目标成本的可行性分析是指对初步测算得出的目标成本是否切实可行做出分析和判断。在分析时，主要是根据本企业实际成本的变化趋势和同类企业的成本水平，充分考虑本企业成本节约的潜力，对某一时期的成本总水平做出预计，看其与目标成本的水平是否大体一致。经过测算，如果预计目标成本是可行的，则将其分解并下达到有关部门和单位。如果经反复测算、挖潜，仍不能达到目标成本，就要考虑放弃该产品并设法安排剩余的生产能力。如果从全局看不宜停产该产品，也要限定产量，并确定亏损限额。

　　一种产品的总目标成本确定后，可按成本要素如直接材料成本、直接人工成本、其他直接成本和间接成本等细分制定每一成本要素的目标成本，也可按产品的各部分功能分别制定各部分功能的目标成本。

第七章　营运资金管理

第一节　营运资金管理概述

一、营运资金的概念及特点

（一）营运资金的概念

营运资金是指在企业生产经营活动中占用在流动资产上的资金。营运资金有广义和狭义之分。广义的营运资金指总营运资金，是一个企业流动资产的总额；狭义的营运资金指净营运资金，是流动资产减去流动负债后的余额。这里指的是狭义的营运资金概念，因此，营运资金的管理既包括流动资产的管理，也包括流动负债的管理。

1. 流动资产

流动资产是指可以在 1 年以内或超过 1 年的一个营业周期内变现或运用的资产。流动资产具有占用时间短、周转快、易变现等特点。企业拥有较多的流动资产，可在一定程度上降低财务风险。流动资产按不同的标准可进行不同的分类，常见分类方式如下：

（1）按占用形态不同

分为现金、以公允价值计量且其变动计入当期损益的金融资产、应收及预付款项和存货等。

（2）按在生产经营过程中所处的环节不同

分为生产领域中的流动资产、流通领域中的流动资产以及其他领域中的流动资产。

2. 流动负债

流动负债是指需要在 1 年或者超过 1 年的一个营业周期内偿还的债务。流动负债又称短期负债，具有成本低、偿还期短的特点，必须加强管理。流动负债按不同标准可作不同分类，最常见的分类方式如下：

（1）以应付金额是否确定为标准

可以分成应付金额确定的流动负债和应付金额不确定的流动负债。应付金额确定的流动负债是指那些根据合同或法律规定到期必须偿付并有确定金额的流动负债，如短期借款、应付票据、应付短期融资券等；应付金额不确定的流动负债是指那些要根据企业生产经营状况，到一定时期或具备一定条件时才能确定的流动负债，或应付金额需要估计的流动负债，如应交税费、应付产品质量担保债务等。

（2）以流动负债的形成情况为标准

可以分成自然性流动负债和人为性流动负债。自然性流动负债是指不需要正式安排，由于结算程序或有关法律法规的规定等原因而自然形成的流动负债；人为性流动负债是指由财务人员根据企业对短期资金的需求情况通过人为安排而形成的流动负债，如短期银行借款等。

（3）以是否支付利息为标准

可以分为有息流动负债和无息流动负债。

（二）营运资金的特点

1. 营运资金的来源具有多样性

企业筹集长期资金的方式一般较少，只有吸收直接投资、发行股票、发行债券等方式。与筹集长期资金的方式相比，企业筹集营运资金的方式较为灵活多样，通常有银行短期借款、短期融资券、商业信用、应交税费、应付股利和应付职工薪酬等内、外部融资方式。

2. 营运资金的数量具有波动性

流动资产的数量会随企业内外条件的变化而变化，时高时低，波动很大。季节性企业如此，非季节性企业也如此。随着流动资产数量的变动，流动负债的数量也会相应发生变动。

3. 营运资金的周转具有短期性

企业占用在流动资产上的资金，通常会在1年或超过1年的一个营业周期内收回，对企业影响的时间比较短。根据这一特点，营运资金可以用商业信用、银行短期借款等短期筹资方式来解决。

4. 营运资金的实物形态具有变动性和易变现性

企业营运资金的占用形态是经常变化的，营运资金的每次循环都要经过采购、生产、销售等过程，一般按照现金、材料、在产品、产成品、应收账款、现金的顺序转化。为此，在进行流动资产管理时，必须在各项流动资产上合理配置资金数额，做到结构合理，以促进资金周转顺利进行。同时，以公允价值计量且其变动计入当期损益的金融资产、应收账款、存货等流动资产一般具有较强的变现能力，当遇到意外情况，企业出现资金周转不灵、现金短缺时，便可迅速变卖这些资产，来获取现金，这对财务上应付临时性资金需求具有重要意义。

二、营运资金的管理原则

企业的营运资金在全部资金中占有相当大的比重，而且周转期短、形态易变，因此，营运资金管理是企业财务管理工作的一项重要内容。企业进行营运资金管理，应遵循以下原则：

（一）满足合理的资金需求

企业应认真分析生产经营状况，合理确定营运资金的需要数量。企业营运资金的需求数量与企业生产经营活动有直接关系。一般情况下，当企业产、销都增加时，流动资产会不断增加，流动负债也会相应增加；而当企业产销量不断减少时，流动资产和流动负债也会相应减少。因此，企业财务人员应认真分析生产经营状况，采用一定的方法来预测营运资金的需要数量，营运资金的管理必须把满足正常合理的资金需求作为首要任务。

（二）提高资金使用效率

营运资金的周转是指企业的营运资金从现金投入生产经营开始，到最终转化为现金的过程，加速资金周转是提高资金使用效率的主要手段之一。提高营运资金使用效率的关键是采取得力措施，缩短营业周期，加速变现过程，加快营运资金周转。因此，企业要千方百计地加速存货、应收账款等流动资产的周转，以便用有限的资金服务于更大的产业规模，为企业取得更优的经济效益提供条件。

（三）节约资金使用成本

在营运资金管理中，必须正确处理保证生产经营需要和节约资金使用成本二者之间的关系。要在保证生产经营需要的前提下，尽力降低资金使用成本。一方面，要挖掘资金潜力，加速资金周转，精打细算地使用资金；另一方面，积极拓展融资渠道，合理配置资源，筹措低成本资金，服务于生产经营。

（四）保持足够的短期偿债能力

偿债能力是企业财务风险高低的标志之一。合理安排流动资产与流动负债的比例关系，保持流动资产结构与流动负债结构的适配性，保证企业有足够的短期偿债能力是营运资金管理的重要原则之一。流动资产、流动负债以及二者之间的关系能较好地反映企业的短期偿债能力。流动负债是在短期内需要偿还的债务，流动资产则是在短期内可以转化为现金的资产。因此，如果一个企业的流动资产比较多，流动负债比较少，则说明企业的短期偿债能力较强；反之，则说明短期偿债能力较弱。但如果企业的流动资产太多，流动负债太少，也不是正常现象，这可能是流动资产闲置或流动负债利用不足所致。

第二节　现金管理

现金有广义、狭义之分。广义的现金是指在生产经营过程中以货币形态存在的资金，包括库存现金、银行存款和其他货币资金等；狭义的现金仅指库存现金。这里所讲的现金是广义的现金。

保持合理的现金水平是企业现金管理的重要内容。现金是变现能力最强的资产，代表着企业直接的支付能力和应变能力，可以用来满足生产经营开支的各种需要，也是还本付息和履行纳税义务的保证。拥有足够的现金对于降低企业的风险，增强企业资产的流动性和债务的可清偿性有着重要的意义。但现金收益性最弱，对其持有量不是越多越好。即使是银行存款，其利率也非常低。因此，现金存量过多，它所提供的流动性边际效益便会随之下降，从而使企业的收益水平下降。

一、持有现金的动机

持有现金是出于三种动机：交易性动机；预防性动机；投机性动机。

（一）交易性动机

企业的交易性动机是指企业为了维持日常周转及正常商业活动所需而持有的现金额。

企业每天都在发生许多支出和收入，这些支出和收入在数额上不相等，在时间上不匹配，企业需要持有一定现金来调节，以使生产经营活动能继续进行。

在许多情况下，企业向客户提供的商业信用条件和它从供应商那里获得的信用条件不同，所以企业必须持有现金。

（二）预防性动机

预防性动机是指企业需要持有一定量的现金，以应付突发事件。这种突发事件可能是社会经济环境变化，也可能是企业的某大客户违约导致的企业突发性偿付等。尽管财务人员试图利用各种手段来较准确地估算企业需要的现金数额，但这些突发事件会使原本很好的财务计划失去效果。因此，企业为了应付突发事件，有必要维持比日常正常运转所需金额更多的现金。

（三）投机性动机

投机性动机是企业需要持有一定量的现金以抓住突然出现的获利机会。这种机会大多是一闪即逝的，如证券价格的突然下跌，企业若没有用于投机的现金，就会错过这一机会。

二、持有现金的成本

（一）机会成本

现金的机会成本是指企业因持有一定现金余额而丧失的再投资收益。再投资收益是企业不能同时用该现金进行有价证券投资所产生的机会成本，这种成本在数额上等于资金成本。放弃的再投资收益即机会成本属于变动成本，它与现金持有量的多少密切相关，即现金持有量越大，机会成本越大；反之，就越小。

（二）管理成本

现金的管理成本是指企业因持有一定数量的现金而发生的管理费用，如管理人员工资、安全措施费用等。这一般是一种固定成本，这种固定成本在一定范围内和现金持有量之间没有明显的比例关系。

（三）短缺成本

现金的短缺成本是指在现金持有量不足，又无法及时通过有价证券变现加以补充而给企业造成的损失，包括直接损失与间接损失。现金的短缺成本随现金持有量的增加而下降，随现金持有量的减少而上升，即与现金持有量负相关。

（四）转换成本

转换成本是企业用现金购入有价证券以及转让有价证券换取现金时付出的交易费用，即现金与有价证券之间相互转换的成本，如委托买卖佣金、委托手续费、证券过户费和实物交割手续费等。转换成本与企业在一定时间内转换的次数有关，转换的次数越多，转换成本就越大。

三、现金持有量决策

在现金预算中，为了确定预算期末现金资产的余缺状况，除了要合理估计预算期内的现金收入与支出项目，还应当确定期末应保留的最佳现金余额，这就是现金持有量决策所要解决的主要问题，企业出于各种动机的要求而持有一定货币，但出于成本和收益关系的考虑，还须确定最佳现金持有量。最佳现金持有量的确定方法主要有成本分析模型和存货模型。

（一）成本分析模型

成本分析模型强调的是：持有现金是有成本的，最优的现金持有量是使得现金持有成本最小化的持有量。成本分析模型考虑的现金持有成本包括机会成本、管理成本和短缺成本。

成本分析模式是根据现金相关成本，分析预测其总成本最低时现金持有量的一种方法。其计算公式为：

最佳现金持有量下的现金相关成本＝min（管理成本＋机会成本＋短缺成本）

（式7-1）

式中，管理成本属于固定成本；机会成本是正相关成本；短缺成本是负相关成本。因此，成本分析模式是要找到管理成本、机会成本和短缺成本组成的总成本曲线中的最低点所对应的现金持有量，把它作为最佳现金持有量。

（二）存货模式

1. 基本内容

企业平时持有较多的现金会降低现金的短缺成本，但会增加现金占用的机会成本；平时持有较少的现金，则会增加现金的短缺成本，却能减少现金占用的机会成本。如果企业平时只持有较少的现金，在有现金需要时（如手头的现金用尽），通过出售有价证券换回现金，既能满足现金的需要，避免短缺成本，又能减少机会成本。因此，适当的现金与有价证券之间的转换，是企业提高资金使用效率的有效途径。这与企业奉行的营运资金政策有关。采用宽松的流动资产投资政策时，若保留较多的现金，则转换次数少。如果经常进行大量的有价证券与现金的转换，则会加大转换成本，因此，如何确定有价证券与现金的每次转换量，是一个需要研究的问题。这可以应用现金持有量的存货模型来解决。该模型认为，当现金用尽时，可以通过出售有价证券进行补充，故不存在现金的短缺成本，而管理成本相对稳定，同现金持有量的多少关系不大，属于与决策无关的成本，无须考虑。该模型依旧是从现金的相关成本最低的角度来确定最佳现金持有量，不过该模型下的相关成本包括机会成本和转换成本。

2. 假设前提

在运用存货模型确定最佳现金持有量时，需要建立以下假设前提：

（1）企业在一定时期内，现金的总需求量是一定的，并且可以预测。

（2）在预测期内，企业不会发生现金短缺，可以通过出售有价证券来弥补现金的不足。

（3）企业现金流量是稳定的，在一定时期内的现金流出是均匀发生，并且能够可靠地预测其数量。

（4）证券利率及每次固定交易费用可以获悉。

3. 最佳现金持有量的确定

现金的转换成本与现金转换次数、每次的转换量有关。在企业一定时期现金使用量确定的前提下，每次以有价证券转换回现金的金额越大，企业平时持有的现金量便越高，转换的次数便越少，现金的转换成本就越低；反之，每次转换回现金的金额越低，企业平时持有的现金量便越低，转换的次数便越多，现金的转换成本就越高。可见，现金转换成本与持有量成反比。

四、现金的日常管理

现金的日常管理主要是现金日常收支的控制，其目的在于通过加速现金周转速度，提高现金的使用效率。提高现金使用效率的途径主要有两个：一是尽量加速收款；二是严格控制现金支出。

（一）现金的收款管理

1. 收款系统

一个高效率的收款系统能够使收款成本和收款浮动期达到最小，同时能够保证与客户汇款及其他现金流入来源相关的信息的质量。

收款成本包括浮动期成本、管理收款系统的相关费用（例如银行手续费）及第三方处理费用或清算相关费用。在获得资金之前，收款在途项目使企业无法利用这些资金，也会产生机会成本。信息的质量包括收款方得到的付款人的姓名、付款的内容和付款时间。信息要求及时、准确地到达收款人一方，以便收款人及时处理资金，做出发货的安排。

收款浮动期是指从支付开始到企业收到资金的时间间隔。收款浮动期主要是纸基支付工具导致的，主要有邮寄浮动期、处理浮动期和结算浮动期。邮寄浮动期是指从付款人寄出支票到收款人或收款人的处理系统收到支票的时间间隔；处理浮动期是指支票的接收方处理支票和将支票存入银行以收回现金所花的时间；结算浮动期是指通过银行系统进行支票结算所需的时间。

2. 收款方式的改善

相比纸基（也称纸质）支付方式，电子支付方式是一种改进。电子支付方式提供了以下好处：

（1）结算时间和资金可用性可以预计。

（2）向任何一个账户或任何金融机构的支付具有灵活性，不受人工干扰。

（3）客户的汇款信息可与支付同时传送，更容易更新应收账款。

（4）客户的汇款从纸基方式转向电子方式，减少或消除了收款浮动期，降低了收款成本，收款过程更容易控制，并且提高了预测精度。

（二）付款管理

现金支出管理的主要任务是尽可能延缓现金的支出时间。当然，这种延缓必须是合理合法的。控制现金支出的目标是在不损害企业信誉条件下，尽可能推迟现金的支出。

1. 使用现金浮游量

现金浮游量是指由于企业提高收款效率和延长付款时间而产生的企业账户上的现金余额和银行账户上的企业存款余额之间的差额。

2. 推迟应付款的支付

推迟应付款的支付是指企业在不影响自己信誉的前提下，充分运用供货方提供的信用优惠，尽可能地推迟应付款的支付期。

3. 汇票代替支票

汇票分为商业承兑汇票和银行承兑汇票。与支票不同的是，承兑汇票并不是见票即付。这一方式的优点是：推迟了企业调入资金支付汇票的实际所需时间，这样企业就只需在银行中保持较少的现金余额。它的缺点是：某些供应商可能并不喜欢用汇票付款，银行也不喜欢处理汇票，它们通常需要耗费更多的人力。同支票相比，银行会收取较高的手续费。

第三节　应收账款管理

一、应收账款的功能

企业通过提供商业信用，采取赊销、分期付款等方式可以扩大销售，增强竞争力，获得利润。应收账款作为企业为扩大销售和盈利的一项投资，也会发生一定的成本，所以，企业需要在应收账款所增加的盈利和所增加的成本之间做出权衡。应收账款管理就是分析赊销的条件，使赊销带来的盈利增加大于应收账款投资产生的成本费用增加，最终使企业利润增加，企业价值上升。

应收账款的功能指其在生产经营中的作用，主要有以下两方面：

（一）增加销售的功能

在激烈的市场竞争中，通过提供赊销可有效地促进销售。因为企业提供赊销不仅向顾客提供了商品，也在一定时间内向顾客提供了购买该商品的资金，顾客将从赊销中得到好处。所以，赊销会带来企业销售收入和利润的增加，特别是在企业销售新产品、开拓新市场时，赊销更具有重要的意义。

提供赊销所增加的产品一般不增加固定成本。因此，赊销增加的收益等于赊销增加的销量与单位边际贡献的乘积，即

$$赊销增加的收益=赊销增加的销售量×单位边际贡献 \qquad （式7-2）$$

（二）减少存货的功能

企业持有一定产成品、存货会相应地占用资金，形成仓储费用、管理费用等，产生成本；而赊销可避免这些成本的产生。所以，无论是季节性生产企业还是非季节性生产企业，当产成品存货较多时，一般会采用优惠的信用条件进行赊销，将存货转化为应收账款，以减少产成品、存货，进而使存货资金占用成本、仓储与管理费用等相应减少，提高企业收益。

二、应收账款的成本

应收账款作为企业为增加销售和盈利而进行的投资，会发生一定的成本。应收账款的成本主要有以下三类：

（一）应收账款的机会成本

应收账款会占用企业一定量的资金，而企业若不把这部分资金投放于应收账款，便可以用于其他投资并可能获得收益，如投资债券获得利息收入。这种因投放于应收账款而放弃其他投资所带来的收益，即为应收账款的机会成本。其计算公式为

$$应收账款平均余额=日赊销额×平均收现期 \qquad （式7-3）$$

$$应收账款的占用资金=应收账款平均余额×变动成本率 \qquad （式7-4）$$

$$应收账款占用资金的应计利息（即机会成本）=应收账款占用资金×资本成本$$

$$（式7-5）$$

$$=应收账款平均余额×变动成本率×资本成本 \qquad （式7-6）$$

$$=日赊销额×平均收现期×变动成本率×资本成本 \qquad （式7-7）$$

$$=年赊销额/360×平均收现期×变动成本率×资本成本 \qquad （式7-8）$$

（二）应收账款的管理成本

应收账款的管理成本主要是指在进行应收账款管理时，增加的费用。主要包括调查顾

客信用状况的费用、收集各种信息的费用、账簿的记录费用、收账费用、数据处理成本、相关管理人员成本和从第三方购买信用信息的成本等。

（三）应收账款的坏账成本

在赊销交易中，债务人由于种种原因无力偿还债务，债权人就有可能因无法收回应收账款而发生损失，这种损失就是坏账成本。可以说，企业发生坏账成本是不可避免的，而此项成本一般与应收账款发生的数量成正比。

坏账成本一般的测算公式为

$$应收账款的坏账成本 = 赊销额 \times 预计坏账损失率 \qquad （式7-9）$$

三、信用政策

应收账款的信用政策是企业对应收账款投资进行规划和控制的基本原则和行为规范，是企业财务管理的一个重要组成部分。制定合理的信用政策，是加强应收账款管理，提高应收账款投资效益的重要前提。应收账款的信用政策包括信用标准、信用条件和收账政策三个方面。

（一）信用标准

信用标准是指信用申请者获得企业提供信用所必须达到的最低信用水平，通常以预期的坏账损失率为判别标准，如果企业执行的信用标准过于严格，则可能会降低对符合可接受信用风险标准客户的赊销额，减少坏账损失，减少应收账款的机会成本，但不利于扩大企业销售量，甚至会因此限制企业的销售机会；如果企业执行的信用标准过于宽松，则可能会对不符合可接受信用风险标准的客户提供赊销，因此，会增加随后还款的风险并增加应收账款的管理成本与坏账成本。

1. 信息来源

企业进行信用分析时，必须考虑信息的类型、数量和成本。信息既可以从企业内部收集，也可以从企业外部收集。无论信用信息从哪儿收集，都必须将成本与预期的收益进行对比。企业内部产生的最重要的信用信息来源是信用申请人执行信用申请（协议）的情况和企业自己保存的有关信用申请人还款历史的记录。

企业可以使用各种外部信息来源来帮助其确定申请人的信誉。首先，申请人的财务报表是该种信息主要来源之一。由于可以将这些财务报表及其相关比率与行业平均数进行对比，因此，它们提供了有关信用申请人的重要信息。获得申请人付款状况的第二个信息来源是一些商业参考资料或申请人过去获得赊购的供货商。其次，银行或其他贷款机构（如商业贷款机构或租赁公司）可以提供申请人财务状况和可使用信用额度方面的标准化信息。最后，一些地方性和全国性的信用评级机构收集、评价和报告有关申请人信用状况的历史信息。这些信用报告包括以下内容：还款历史；财务信息；最高信用额度；可获得的最长信用期限；所有未了解的债务诉讼；等等。

2. 信用的定性分析

信用的定性分析是指对申请人"质"的方面的分析。常用的信用定性分析法是 5C 信用评价系统，即评估申请人信用品质的五个方面：品质、能力、资本、抵押、条件。

（1）品质

品质是指个人申请人或企业申请人的诚实和正直表现。品质反映了个人或企业在过去的还款中所体现的还款意图和愿望，这是 5C 信用评价系统中最主要的因素。通常要根据过去的记录并结合现状调查来分析，包括企业经营者的年龄、文化、技术结构、遵纪守法情况，开拓进取及领导能力，有无获得荣誉奖励或纪律处分，团结协作精神及组织管理能力。

（2）能力

能力是指经营能力，通常通过分析申请者的生产经营能力及获利情况、管理制度是否健全、管理手段是否先进、产品生产销售是否正常、在市场上有无竞争力、经营规模和经营实力是否逐年增长等来评估。

（3）资本

资本是指企业或个人当前的现金流不足以还债时，他们在短期和长期内可供使用的财务资源。企业资本雄厚，说明企业具有强大的物质基础和抗风险能力。因此，信用分析必须调查、了解企业资本规模和负债比率，因为这能反映企业资产或资本对于负债的保障程度。

（4）抵押

抵押是指当企业或个人不能满足还款条款时，可以用作债务担保的资产或其他担保物。信用分析必须分析担保抵押手续是否齐备，抵押品的估值和出售有无问题，担保人的信誉是否可靠等。

（5）条件

条件是指影响申请者还款能力和还款意愿的经济环境。经济环境对企业发展前途具有一定影响，也是影响企业信用的一项重要的外部因素。信用分析必须对企业的经济环境，包括企业发展前景、行业发展趋势、市场需求变化等进行分析，预测其对企业经营效益的影响。

3. 信用的定量分析

进行商业信用的定量分析可以从考察信用申请人的财务报表开始。通常，使用比率分析法来评价顾客的财务状况，常用的指标有流动性和营运资本比率（如流动比率、速动比率以及现金对负债总额比率）、债务管理和支付比率（如已获利息倍数、长期债务对资本比率、带息债务对资产总额比率，以及负债总额对资产总额比率）和盈利能力指标（如销售回报率、总资产回报率和净资产收益率）。将这些指标和信用评级机构及其他协会发布的行业标准进行比较，可以观察申请人的信用状况。

（二）信用条件

信用条件是销货企业要求赊购客户支付货款的条件，由信用期限、折扣期限和现金折扣三个要素组成，其中，折扣期限和现金折扣构成折扣条件。

1. 信用期限

信用期限是企业允许的顾客从购货到付款之间的时间，或者说是企业给予顾客的最长付款时间，一般简称为信用期。

信用期的确定，主要是分析、改变现行信用期对收入和成本的影响。延长信用期，会使销售额增加，产生有利影响；与此同时，应收账款的机会成本、收账费用和坏账损失增加，会产生不利影响。当前者大于后者时，可以延长信用期，否则不宜延长。如果缩短信用期，则情况与此相反。

2. 折扣条件

折扣条件包括折扣期限和现金折扣两个方面。折扣期限是为顾客规定的可享受现金折扣的付款时间。现金折扣是在顾客提前付款时给予的优惠。如果企业给顾客提供现金折扣，那么顾客在折扣期付款时少付的金额所产生的"成本"将影响企业收益。当顾客利用了企业提供的现金折扣，而现金折扣又没有促使销售额增长时，企业的净收益就会下降。当然上述收入方面的损失可能会全部或部分地由应收账款持有成本的下降补偿。

向顾客提供现金折扣的主要目的在于吸引顾客为享受优惠而提前付款，缩短企业的平均收款期。

现金折扣的表示常用"5/10、3/20、N/30"这样的符号。这三个符号的含义为：5/

10 表示 10 天内付款，可享受 5% 的价格优惠，即只需支付原价的 95%，如原价为 10 000 元，只支付 9500 元；3/20 表示 2 天内付款，可享受 3% 的价格优惠，即只需支付原价的 97%，若原价为 10 000 元，则只需支付 9700 元；N/30 表示付款的最后期限为 30 天，此时付款无优惠。

企业采用什么程度的现金折扣，要与信用期限结合起来考虑。例如，要求顾客最迟不超过 30 天付款；若希望顾客 20 天、10 天付款，则能给予多大折扣；或者，给予 5%、3% 的折扣，能吸引顾客在多少天内付款；等等。不论是信用期限还是现金折扣，都可能给企业带来收益，但也会增加成本。当企业给予顾客某种现金折扣时，应当考虑折扣所能带来的收益与成本孰高孰低，权衡利弊。

因为现金折扣是与信用期限结合使用的，所以，确定折扣程度的方法与程序实际上与前述确定信用期间的方法与程序一致，只不过要把所提供的延期付款时间和折扣综合起来，先计算各方案的延期与折扣能取得多大的收益增量，再计算各方案带来的成本变化，最终确定最佳方案。

四、应收账款的日常管理

应收账款的管理难度比较大，在确定合理的信用政策之后，还要做好应收账款的日常管理工作，包括对客户的信用调查和分析评价、应收账款的催收工作等。

（一）调查客户信用

信用调查是指收集和整理反映客户信用状况有关资料的工作。信用调查是企业应收账款日常管理的基础，是正确评价客户信用的前提条件。企业对顾客进行信用调查主要通过以下两种方法：

1. 直接调查

直接调查是指调查人员通过与被调查单位进行直接接触，通过当面采访、询问、观看等方式来获取信用资料的一种方法。直接调查可以保证收集资料的准确性和及时性，但也有一定的局限：获得的往往是感性资料；同时，若不能得到被调查单位的合作，则会使调查工作难以开展。

2. 间接调查

间接调查是以被调查单位以及其他单位保存的有关原始记录和核算资料为基础，通过加工整理来获得被调查单位信用资料的一种方法。这些资料主要来自以下几个方面：

（1）财务报表

通过分析财务报表，可以基本掌握一个企业的财务状况和信用状况。

（2）信用评估机构

专门的信用评估部门的评估方法先进、评估调查细致、评估程序合理，所以可信度较高。在我国，目前的信用评估机构有三种形式：第一种，独立的社会评级机构，它们只根据自身的业务吸收有关专家参加，不受行政干预和集团利益的牵制，独立自主地开办信用评估业务；第二种，政策性银行、政策性保险公司负责组织的评估机构，一般由政策性银行、政策性保险公司有关人员和各部门专家进行评估；第三种，由商业银行、商业性保险公司组织的评估机构，由商业银行、商业性保险公司组织专家对其客户进行评估。

（3）银行

银行是信用资料的一个重要来源，许多银行都设有信用部，为其顾客服务，并负责对其顾客信用状况进行记录、评估，但银行的资料一般仅愿意在内部及同行间交流，而不愿向其他单位提供。

（4）其他途径

如财税部门、市场监督管理部门、消费者协会等机构，都可能提供相关的信用状况资料。

（二）分析评价客户信用

收集好信用资料以后，就需要对这些资料进行分析评价。企业一般采用 5C 信用评价系统来评价，并对客户信用进行等级划分。在信用等级方面，目前主要有两种：一种是三类九级制，即将企业的信用状况分为 AAA、AA、A、BBB、BB、B、CCC、CC、C 九等，其中，AAA 为信用最优等级、C 为信用最低等级。另一种是三级制，即分为 AAA、AA、A 三个信用等级。

（三）应收账款的催收工作

应收账款发生后，企业应采取各种措施，尽量争取按期收回款项，否则会因拖欠时间过长而发生坏账，从而使企业蒙受损失。因此，企业必须在对收账的收益与成本进行比较分析的基础上，制定切实可行的收账政策。通常，企业可以采取寄发账单、电话催收、派人上门催收、法律诉讼等方式进行催收应收账款，然而催收账款要发生费用，某些催款方式的费用还会很高。一般来说，收账的花费越大，收账措施越有力，可收回的账款应越多，坏账损失也就越小。因此，制定收账政策时，要在收账费用和所减少坏账损失之间做出权衡。制定有效、得当的收账政策很大程度上是靠有关人员的经验。从财务管理的角度讲，也有一些数量化的方法可以参照。根据应收账款总成本最小化的原则，可以通过比较各收账方案成本的大小来对其进行选择。

第四节　存货管理

存货是指企业在生产经营过程中为销售或者耗用而储备的物资，包括材料、燃料、低值易耗品、在产品、半成品、产成品、协作件和商品等。存货管理水平的高低直接影响企业的生产经营能否顺利进行，并最终影响企业的收益、风险等状况。因此，存货管理是财务管理的一项重要内容。企业必须根据生产经营规模来确定相应的存货规模。如果没有足够的存货，则不能保障企业的正常生产经营的需求；如果存货过多，则会引起各种成本的上升。存货管理需要在存货的收益和成本之间进行权衡，其基本目标是在满足生产销售的前提下，尽量降低存货数量，以减少企业成本、增加收益，达到最佳状态。

一、存货管理的目标

持有存货的原因：一方面是为了保证生产或销售的经营需要；另一方面是出自价格的考虑，零购物资的价格往往较高，而整批购买在价格上有优惠。但是，过多的存货要占用较多资金，并且会增加包括仓储费、保险费、维护费和管理人员工资在内的各项开支。因此，存货管理的目标，就是在保证生产或销售经营需要的前提下，最大限度地降低存货成本。其具体包括以下几个方面：

（一）保证生产正常进行

生产过程中需要的原材料和在产品，是生产的物质保证。为保障生产的正常进行，必须储备一定量的原材料，否则可能会出现生产中断、停工待料的现象。尽管当前部分企业的存货管理已经实现计算机自动化管理，但要实现存货为零的目标实属不易。

（二）有利于销售

一定数量的存货储备能够增加企业在生产和销售方面的机动性和适应市场变化的能

力。当企业市场需求量增加时，若产品储备不足就有可能失去销售良机。同时，顾客为节约采购成本和其他费用，一般成批采购；企业为了达到运输上的最优批量也会组织成批发运。所以，保持一定量的存货是有利于市场销售的。

（三）便于维持均衡生产，降低产品成本

有些企业产品属于季节性产品或者需求波动较大的产品，此时若根据需求状况组织生产，则可能有时生产能力得不到充分利用，有时又超负荷生产，造成产品成本的上升。为了降低生产成本，实现均衡生产，就要储备一定的产成品存货，并应相应地保持一定的原材料存货。

（四）降低存货取得成本

一般情况下，当企业进行采购时，进货总成本与采购物资的单价和采购次数有密切关系。而许多供应商为鼓励客户多购买其产品，往往在客户采购量达到一定数量时，给予价格折扣，所以，企业通过大批量集中进货，既可以享受价格折扣，降低购置成本，也因减少订货次数，降低了订货成本，使总的进货成本降低。

（五）防止意外事件的发生

企业在采购、运输、生产和销售过程中，都可能发生意料之外的事故，保持必要的存货保险储备，可以避免和减少意外事件的损失。

二、存货的成本

存货的成本是指存货所耗费的总成本，是企业为存货发生的一切支出，主要包括以下几个项目：

（一）取得成本

取得成本是指为取得某种存货而支出的成本，分为订货成本和购置成本。

1. 订货成本

订货成本指取得订单的成本，如办公费、差旅费、邮资、电话费、运输费等支出。订货成本中有一部分与订货次数无关，如常设采购机构的基本开支等，称为订货的固定成本；另一部分与订货次数有关，如差旅费、邮资等，称为订货的变动成本。订货次数等于

存货年需要量与每次进货量之商。

2. 购置成本

购置成本又称采购成本，指为购买存货本身而支出的成本，即存货本身的价值，经常用数量与单价的乘积来确定。

订货成本加上购置成本，就等于存货的取得成本。其公式为

取得成本＝订货成本＋购置成本＝订货固定成本＋订货变动成本＋购置成本

（式7-10）

（二）储存成本

储存成本指为保持存货而发生的成本，包括存货占用资金所应计的利息、仓库费用、保险费用、存货破损和变质损失等。

储存成本也分为固定成本和变动成本。固定储存成本与存货数量的多少无关，如仓库折旧、仓库职工的固定工资等。变动储存成本与存货的数量有关，如存货资金的应计利息、存货的破损和变质损失、存货的保险费用等。

（三）缺货成本

缺货成本指由于存货供应中断而造成的损失，包括材料供应中断造成的停工损失、产成品库存缺货造成的拖欠发货损失和丧失销售机会的损失及造成的商誉损失等。缺货成本能否作为决策的相关成本，应视企业是否允许出现存货短缺而定。如果企业允许缺货，则缺货成本与存货数量呈反向关系，属于存货决策的相关成本；如果企业不允许发生缺货情形，此时缺货成本为零，也就无须考虑缺货成本了。

三、经济订货批量的确定

存货储备决策的目标是使存货始终保持在一个最优水平上。所谓最优水平，通常是指在一个能保证全年存货需求量的基础上，来确定最佳的采购批量、最佳的订货次数、最佳的再订货点，从而使存货储备既能满足需求，又能使相关总成本最低。

经济订货批量是指在一定时期内能使存货相关总成本最低的每一次订货的数量。企业在确定经济订货批量时，需要设立一些假设条件，并在此基础上建立经济订货批量基本模型。经济订货批量模型需要设立的假设条件如下：

（一）存货总需求量是已知常数。

（二）订货提前期是常数。

（三）货物是一次性入库。

（四）单位货物成本为常数，无批量折扣。

（五）库存储存成本与库存水平呈线性关系。

（六）货物是一种独立需求的物品，不受其他货物影响。

（七）不允许缺货，即无缺货成本。

设立上述假设后可知，经济订货批量下存货的相关成本只包括变动订货成本和变动储存成本。在全年存货需求量一定的前提下，订货成本的高低与采购批量成正比。因此，能够使一定时期订货成本和储存成本之和最低的采购批量即为经济订货批量，此时储存成本与订货成本相等。

四、存货的日常管理

存货是企业重要的流动资产，做好存货的日常管理，对改进企业的生产经营活动、提高流动资产的效率具有重要的作用。存货的日常管理主要包括以下两个方面：

（一）ABC 控制系统

ABC 控制系统就是把企业种类繁多的存货，依据其重要程度、价值大小或者资金占用等标准分为三大类：A 类高价值存货，品种数量占整个存货的 10%～15%，但价值占全部存货的 50%～70%；B 类中等价值存货，品种数量占全部存货的 20%～25%，价值占全部存货的 15%～20%；C 类低价值存货，品种数量多，占整个存货的 60%～70%，价值占全部存货的 10%～35%。针对不同类别的存货，分别采用不同的管理方法。A 类存货应作为管理的重点，实行重点控制、严格管理；对 B 类和 C 类存货的重视程度则可依次降低，采取一般管理。

（二）适时制库存控制系统

适时制库存控制系统又称零库存管理、看板管理系统。它最早由丰田公司提出并将其应用于实际工作中，是指制造企业事先和供应商和客户协调好：只有当制造企业在生产过程中需要原料或零件时，供应商才会将原料或零件送来；每当产品生产出来就被客户拉走。这样，制造企业的存货持有水平就可以大大下降，企业的物资供应、生产和销售形成连续的同步运动过程。显然，适时制库存控制系统需要的是稳定而标准的生产程序以及诚信的供应商；否则，任何一环出现差错都将导致整个生产线的停止。已有越来越多的企业利用适时制库存控制系统来减少甚至消除对存货的需求，即实行零库存管理。适时制库存控制系统进一步的发展被应用于企业整个生产管理的过程中——集开发、生产、库存和分销于一体，大大提高了企业运营管理效率。

第五节　流动负债管理

流动负债有三种主要来源：短期借款；短期融资券；商业信用，各种来源具有不同的获取速度、灵活性、成本和风险。

一、短期借款

企业的借款通常按其流动性或偿还时间的长短，划分为短期借款和长期借款。短期借款是指企业向银行或其他金融机构借入的期限在 1 年以内（含 1 年）的各种借款。

我国短期借款按照目的和用途分为生产周转借款、临时借款、结算借款和票据贴现借款等。按照国际惯例，短期借款按偿还方式不同分为一次性偿还借款和分期偿还借款；按利息支付方式不同分为收款法借款、贴现法借款和加息法借款；按有无担保分为抵押借款和信用借款。

短期借款可以随企业的需要安排，便于灵活使用，但其突出的缺点是短期内要归还，且可能会附带很多附加条件。

（一）短期借款的信用条件

银行等金融机构对企业贷款时，通常会附带一定的信用条件。短期借款所附带的一些信用条件主要有以下几个方面：

1. 信贷额度

信贷额度即贷款限额，是借款企业与银行在协议中规定的借款最高限额，信贷额度的有限期限通常为 1 年。一般情况下，在信贷额度内，企业可以随时按需要支用借款。但是，银行并不承担必须支付全部信贷数额的义务。如果企业信誉恶化，即使在信贷限额内，企业也可能得不到借款。此时，银行不会承担法律责任。

2. 周转信贷协定

周转信贷协定是银行具有法律义务地承诺提供不超过某一最高限额的贷款协定。在协定的有效期内，只要企业借款总额未超过最高限额，银行必须满足企业任何时候提出的借款要求。企业要享用周转信贷协定，通常要针对贷款限额的未使用部分付给银行一笔承诺费用。

周转信贷协定的有效期通常超过 1 年，但实际上贷款每几个月发放一次，所以，这种信贷具有短期借款和长期借款的双重特点。

3. 补偿性余额

补偿性余额是银行要求借款企业在银行中保持按贷款限额或实际借用额一定比例（通常为 10% ~ 20%）计算的最低存款余额。对于银行来说，补偿性余额有助于降低贷款风险，补偿其可能遭受的风险；对借款企业来说，补偿性余额则提高了借款的实际利率，加重了企业负担。

4. 借款抵押

为了降低风险，银行发放贷款时往往需要有抵押品担保。短期借款的抵押品主要有应收账款、存货、应收票据和债券等。银行将根据抵押品面值的 30% ~ 90% 发放贷款，具体比例取决于抵押品的变现能力和银行对风险的态度。

5. 偿还条件

贷款的偿还有到期一次性偿还和在贷款期内定期（月、季）等额偿还两种方式。一般来讲，企业不希望采用后一种偿还方式，因为这会提高借款的实际年利率；而银行不希望采用前一种偿还方式，因为这会加重企业的财务负担、增加企业的拒付风险，并降低实际贷款利率。

（二）短期借款的利息支付方式

短期借款的成本主要包括利息、手续费等。短期借款成本的高低主要取决于贷款利率的高低和利息的支付方式。短期贷款利息的支付方式有收款法、贴现法和加息法三种。付息方式不同，短期借款成本计算也有所不同。

1. 收款法

收款法是在借款到期时的银行支付利息的方法。银行向企业贷款一般都是采用这种方法收取利息。采用收款法时，短期贷款的实际利率就是名义利率。

2. 贴现法

贴现法又称折价法，是指银行向企业发放贷款时，先从本金中扣除利息部分，到期时借款企业偿还全部贷款本金的一种利息支付方法。在这种利息支付方式下，企业可以利用的贷款只是本金减去利息部分后的差额。因此，贷款的实际利率要高于名义利率。

3. 加息法

加息法是银行发放分期等额偿还贷款时采用的利息收取方法。在分期等额偿还贷款情况下，银行将根据名义利率计算的利息加到贷款本金上，计算出贷款的本息和，要求企业在贷款期内分期偿还本息之和。由于贷款本金分期均衡偿还，因此，借款企业实际上只平均使用了贷款本金的一半，却支付了全额利息。这样企业所负担的实际利率便要高于名义利率大约 1 倍。

二、短期融资券

短期融资券是由企业依法发行的无担保短期本票。在我国，短期融资券是指企业依照条件和程序，在银行间债券市场发行和交易并约定在一定期限内还本付息的有价证券，是企业筹措短期（1 年以内）资金的直接融资方式。

（一）短期融资券的种类

1. 按发行人分类，短期融资券分为金融企业的融资券和非金融企业的融资券。在我国，目前发行和交易的是非金融企业的融资券。

2. 按发行方式分类，短期融资券分为经纪人承销的融资券和直接销售的融资券。非金融企业发行融资券一般采用间接承销方式，金融企业发行融资券一般采用直接发行方式。

（二）短期融资券的筹资特点

1. 短期融资券的筹资成本较低。相对于发行企业债券筹资，发行短期融资券的筹资成本较低。

2. 短期融资券筹资数额比较大。相对于银行借款筹资，短期融资券一次性的筹资数额比较大。

3. 发行短期融资券的条件比较严格。只有具备一定信用等级、实力强的企业，才能发行短期融资券筹资。

三、商业信用

商业信用是指企业在商品或劳务交易中，以延期付款或预收货款方式进行购销活动而形成的借贷关系，是企业之间的直接信用行为，也是企业短期资金的重要来源。商业信用产生于企业生产经营的商品、劳务交易之中，是一种"自动性筹资"。

（一）商业信用的形式

1. 应付账款

应付账款是供应商给企业提供的一种商业信用。由于购买者往往在到货一段时间后才付款，从而导致商业信用就成为企业短期资金来源。如企业规定对所有账单均见票后若干日付款，商业信用就成为随生产周转而变化的一项内在的资金来源。当企业扩大生产规模时，其进货和应付账款相应增长，商业信用就提供了增产需要的部分资金。

商业信用条件通常包括以下两种：一是有信用期，但无现金折扣。如"N/30"表示30天内按发票金额全数支付；二是有信用期和现金折扣，如"2/10、N/30"表示10天内付款享受现金折扣2%，若买方放弃折扣，则30天内必须付清款项。供应商在信用条件中规定有现金折扣，目的主要在于加速资金回收。企业在决定是否享受现金折扣时，应仔细考虑。通常，放弃现金折扣的成本是很高的。

（1）放弃现金折扣的信用成本

倘若买方企业购买货物后在卖方规定的折扣期内付款，可以获得免费信用，这种情况下企业没有因为取得延期付款信用而付出代价。

（2）放弃现金折扣的信用决策。

企业放弃应付账款现金折扣的原因，可能是企业资金暂时的缺乏，也可能是基于将应付的账款用于临时性短期投资，以获得更高的投资收益。如果企业将应付账款额用于短期投资，所获得的投资报酬率高于放弃折扣的信用成本率，则应当放弃现金折扣。

2. 应付票据

应付票据是指企业在商品购销活动和对工程价款进行结算中，因采用商业汇票结算方式而产生的商业信用。商业汇票是指由付款人或存款人（或承兑申请人）签发，由承兑人承兑,并于到期日向收款人或被背书人支付款项的一种票据,包括商业承兑汇票和银行承兑汇票。应付票据按是否带息分为带息应付票据和不带息应付票据两种。

3. 预收货款

预收货款是指销货单位按照合同和协议规定,在发出货物之前向购货单位预先收取部分或全部货款的信用行为。购买单位对于紧俏商品往往乐于采用这种方式购货;销货方对于生产周期长、造价较高的商品,往往采用预收货款方式销货,以缓和本企业资金占用过多的矛盾。

(二) 商业信用筹资的优缺点

1. 商业信用筹资的优点

(1) 商业信用容易获得

商业信用的载体是商品购销行为,企业总有一批既有供需关系又有相互信用基础的客户,所以,对大多数企业而言,应付账款和预收账款是自然的、持续的信贷形式。商业信用的提供方一般不会对企业的经营状况和风险做严格的考量,企业无须办理像银行借款那样复杂的手续便可取得商业信用,有利于应对企业生产经营之急需。

(2) 企业有较大的机动权

企业能够根据需要,选择决定筹资的金额大小和期限长短,同样要比银行借款等其他方式灵活得多,甚至如果在期限内不能付款或交货时,一般还可以通过与客户的协商,请求延长时限。

(3) 企业一般不用提供担保

通常,商业信用筹资不需要第二方担保,也不会要求筹资企业用资产进行抵押。这样,在出现逾期付款或交货的情况时,可以避免像银行借款那样面临抵押资产被处置的风险,企业的生产经营能力在相当长的一段时间内不会受到限制。

2. 商业信用筹资的缺点

(1) 商业信用筹资成本高

在附有现金折扣条件的应付账款融资方式下,其筹资成本与银行信用相比较高。

(2) 容易恶化企业的信用水平

商业信用的期限短,还款压力大,对企业现金流量管理的要求很高。如果长期和经常性地拖欠账款，会造成企业的信誉恶化。

（3）受外部环境影响较大

商业信用筹资受外部环境影响较大，稳定性较差，即使不考虑机会成本，也是不能无限利用的。一是受商品市场的影响，如当求大于供时，卖方可能停止提供信用；二是受资金市场的影响，当市场资金供应紧张或有更好的投资方向时，商业信用筹资就可能遇到障碍。

第八章 收入与分配管理

第一节 收入与分配管理概述

一、收入与分配管理的意义与原则

（一）收入与分配管理的意义

1. 收入与分配管理集中体现了企业所有者、经营者与劳动者之间的利益关系。

2. 收入与分配管理是企业再生产的条件以及优化资本结构的重要措施。

3. 收入与分配管理是国家建设资金的重要来源之一。

4. 收入与分配管理是企业优化资本结构、降低资本成本的重要举措。

（二）收入与分配管理的原则

1. 依法分配原则。

2. 分配与积累并重原则。

3. 兼顾各方利益原则。

4. 投资与收入对等原则。

二、收入与分配管理的主要内容

收入、成本费用和利润三者之间的关系可以简单表述为：收入−成本费用=利润。

对企业收入的分配，首先是对成本费用进行补偿，然后，对其余额（即利润）按照一定的程序进行再分配。

（一）收入管理

收入是指企业在日常活动中形成的、会导致所有者权益增加的、与所有者投入资本无关的经济利益的总流入，一般包括销售商品收入、提供劳务收入和让渡资产使用权收入等。企业的收入主要来自于生产经营活动，企业正常的经营活动主要包括销售商品、提供劳务、让渡本企业资产使用权等。具体表现为销售商品得到的商品销售收入；提供运输、修理等劳务取得的劳务收入；让渡专利、商标等无形资产使用权而取得的使用费以及以投资方式供其他企业使用本企业的资产而获得的股利。

销售收入是企业收入的主要构成部分，是企业能够持续经营的基本条件，销售收入的制约因素主要是销量与价格，销售预测分析与销售定价管理构成了收入管理的主要内容。

1. 销售预测分析

销售预测分析实际上是对市场动态与销售情况的预测分析。企业财务部门和销售部门应深入调查研究，把握市场动态和变化趋势，采用科学方法对销售情况和相应的收入进行合理的预测，从而更好地帮助管理层决策。常见的预测分析方法主要有两类：一类是定性分析法，即非数量分析法，如营销员判断法、专家判断法和产品寿命周期分析法；一类是定量分析法，也称数量分析法，一般包括趋势预测分析法和因果预测分析法两大类。

2. 销售定价管理

在市场经济条件下，企业拥有商品的定价权，应根据各自的定价目标选择科学、可行的定价方法，合理确定商品的销售价格。价格策略的制定，应考虑市场供求状况、竞争激烈程度、消费者心理以及市场定位等因素。常见的定价方法主要有两类：一类是基于成本的定价方法，如全部成本费用加成定价法、目标利润法等；一类是基于市场需求的定价方法，如需求价格弹性系数定价法、边际分析定价法等。

（二）纳税管理

企业所承担的税负实际上是利益在国家与企业之间的分配，分配结果直接关系到企业未来的发展和股东的利益空间，纳税是企业收入分配过程中的重要环节。纳税管理是对纳税实施的全过程管理行为，纳税管理的主要内容是纳税筹划，即在合法合理的前提下，对企业经济交易或事项进行事先规划以减少应纳税额或延迟纳税，实现企业的财务目标。由于企业的筹资、投资、营运和分配活动等日常活动以及企业重组都会产生纳税义务，故这五个环节的纳税管理构成了纳税管理的主要内容。

1. 企业筹资纳税管理

在众多筹资方式中，企业会优先选择内部筹资，内部筹资可以避免股东的双重税收负担。在众多外部筹资方式中，债务筹资给企业带来的税收利益最大，这是因为支付给债权人的利息可以税前扣除，减少了企业的所得税纳税义务以及由此带来的现金流出。为实现财务管理的目标，在对筹资活动进行纳税筹划时，不仅要确定相对安全的资本结构，还要保证总资产收益率（息税前）大于债务利息率。

2. 企业投资纳税管理

企业投资纳税管理分为企业直接投资纳税管理和企业间接投资纳税管理；直接投资纳税管理又可以分为直接对外投资纳税管理和直接对内投资纳税管理。直接对外投资纳税管理主要是对投资地区、投资行业、投资组织形式和投资收益收回方式的筹划，而直接对内投资和间接投资的纳税管理主要是通过利用企业所享有的税收优惠政策来进行纳税筹划。

3. 企业营运纳税管理

企业营运纳税管理是对企业日常活动中的采购、生产和销售环节进行纳税管理。在采购环节，主要从增值税纳税人选择、购货对象选择、结算方式选择和增值税专用发票管理四方面进行增值税进项税额的纳税筹划；在生产环节，主要通过对存货和固定资产计价方法的选择，以及利用期间费用抵扣规定来对所得税进行纳税筹划；在销售环节，主要是通过销售结算方式和促销方式的选择来对所得税进行纳税筹划。

4. 企业利润分配纳税管理

企业利润分配纳税管理包括所得税纳税管理和股利分配纳税管理两个部分。所得税纳税管理要求亏损企业正确把握弥补亏损的年限。股利分配纳税管理要求企业站在股东立场上，选择使股东税务负担较小的股利分配方式。对于自然人股东和法人股东而言，股息红利收益与资本利得收益所适用的税率均不相同，企业在做股利分配决策时应该根据自身的股权结构综合考虑。

5. 企业重组纳税管理

企业重组的纳税管理主要包括两方面内容：一方面，通过重组事项长期降低企业的各项纳税义务；另一方面，企业应该在支付方式等方面进行筹划以达到企业重组的特殊性税务处理条件，使企业适用特殊性税务处理方法，这样可以减少企业重组环节的纳税成本。

（三）分配管理

分配管理指的是对利润分配的管理。利润是收入弥补成本费用后的余额。由于成本费用包括的内容与表现的形式不同，利润所包含的内容与形式也有一定的区别。若成本费用不包括利息和所得税，则利润表现为息税前利润；若成本费用包括利息而不包括所得税，则利润表现为利润总额；若成本费用包括了利息和所得税，则利润表现为净利润。

本书所指利润分配是指对净利润的分配。利润分配关系着国家、企业及所有者等各方面的利益，必须严格按照国家的法令和制度执行。根据我国《公司法》及相关法律制度的规定，公司净利润的分配应按照下列顺序进行，并构成了分配管理的主要内容。

1. 弥补以前年度亏损

企业在提取法定公积金之前，应先用当年利润弥补以前年度亏损。企业年度亏损可以用下一年度的税前利润弥补，下一年度不足弥补的，可以在 5 年之内用税前利润连续弥补，连续 5 年未弥补的亏损则用税后利润弥补。其中，税后利润弥补亏损可以用当年实现的净利润，也可以用盈余公积转入。

2. 提取法定公积金

法定公积金的提取比例为当年税后利润（弥补亏损后）的 10%。当年法定公积金的累积额已达到注册资本的 50% 时，可以不再提取。法定公积金提取后，根据企业的需要，可用于弥补亏损或转增资本，但企业用法定公积金转增资本后，法定公积金的余额不得低于转增前公司注册资本的 25%。提取法定公积金的主要目的是为了增加企业内部积累，以利于企业扩大再生产。

3. 提取任意公积金

公司从税后利润中提取法定公积金后，经股东会或股东大会决议，还可以从税后利润中提取任意公积金。这是为了满足企业经营管理的需要，控制向投资者分配利润的水平，以及调整各年度利润分配的波动。

4. 向股东（投资者）分配股利（利润）

公司弥补亏损和提取公积金后所剩余的税后利润，可以向股东（投资者）分配。其中，有限责任公司股东按照实缴的出资比例分取红利，全体股东约定不按照出资比例分取红利的除外；股份有限公司按照股东持有的股份比例分配，但股份有限公司章程规定不按照持股比例分配的除外。

第二节 收入管理

一、销售预测分析

销售预测的方法有很多种，主要包括定性分析法和定量分析法。

（一）销售预测的定性分析法

第一，营销员判断法。

第二，专家判断法。

专家判断法分为：①个别专家意见汇集法；②专家小组法；③德尔菲法。

第三，产品寿命周期分析法。

（二）销售预测的定量分析法

1. 趋势预测分析法

（1）算术平均法

算术平均法是将若干历史时期的实际销售量或销售额作为样本值，求出其算术平均数，并将该平均数作为下期销售量的预测值。

公式：

$$Y = \frac{\sum X_i}{n} \tag{式8-1}$$

式中：Y 表示预测值；X_i 表示第 i 期的实际销售量；n 表示期数

（2）加权平均法

加权平均法是将若干历史时期的实际销售量或销售额作为样本值，将各个样本值按照一定的权数计算得出加权平均数，并将该平均数作为下期销售量的预测值。

公式：

$$Y = \sum_{i=1}^{n} W_i X_i \tag{式8-2}$$

式中：Y 表示预测值；W_i 表示第 i 期的权数；X_i 表示第 i 期的实际销售量；n 表示期数。

（3）移动平均法

移动平均法是从 n 期的时间数列销售量中选取 m 期（m 数值固定，且 $m < \dfrac{n}{2}$。m 也称为样本期）数据作为样本值，求其 m 期的算术平均数，并不断向后移动计算观测期平均值，以最后一个 m 期的平均数作为未来第 $n+1$ 期销售预测值的一种方法。

计算公式：

$$Y_{n+1} = \frac{X_{n-(m-1)} + X_{n-(m-2)} + \cdots + X_{n-1} + X_n}{m} \qquad （式8-3）$$

为了使预测值更能反映销售最变化的趋势，可以对上述结果按趋势值进行修正，其修正移动平均法的计算公式为

$$\bar{Y}_{n+1} = Y_{n+1} + （Y_{n+1} - Y_n） \qquad （式8-4）$$

（4）指数平滑法

指数平滑法实质上是一种加权平均法，是以事先确定的平滑指数 α 及（$1-\alpha$）作为权数进行加权计算，预测销售量的一种方法。

计算公式：

$$Y_{n+1} = \alpha X_n + （1-\alpha） Y_n \qquad （式8-5）$$

式中：Y_{n+1} 表示未来第 $n+1$ 期的预测值；Y_n 表示第 n 期预测值，即预测前期的预测值；X_n 表示第 n 期的实际销售量，即预测前期的实际销售量；α 表示平滑指数；n 表示期数。

一般地，平滑指数的取值通常在 0.3~0.7 之间。采用较大的平滑指数，预测值可以反映样本值新近的变化趋势；采用较小的平滑指数，则反映了样本值变动的长期趋势。

指数平滑法运用比较灵活，适用范围较广，但在平滑指数的选择上具有一定的主观随意性。

2. 因果预测分析法

因果预测分析法是指通过影响产品销售量（因变量）的相关因素（自变量）以及它们之间的函数关系，并利用这种函数关系进行产品销售的方法。

因果预测分析法最常用的是回归分析法，这里主要介绍回归直线法。

公式：

$$b = \frac{n\sum xy - \sum x \sum y}{n\sum x^2 - \left(\sum x\right)^2 i} \quad ; \quad a = \frac{\sum y - b\sum x}{n} \qquad （式8-6）$$

待求出 a、b 后，代入 $y = a + bx$，结合自变量 x 的取值，即可求出预测对象 y 的预测

销售量或销售额。

二、销售定价管理

（一）影响产品价格的因素

影响产品价格的因素如下：

1. 价值因素

价格是价值的货币表现，价值的大小决定着价格的高低。

2. 成本因素

虽然短期内的产品价格有可能会低于其成本，但从长期来看，产品价格应等于总成本加上合理的利润，否则企业无利可图，将难以长久生存。

3. 市场供求因素

产品供应量大于需求量，对价格产生向下的压力；反之，则会推动价格的提升。

4. 竞争因素

在完全竞争市场中，企业几乎没有定价的主动权；在不完全竞争市场中，竞争的强度主要取决于产品生产的难易程度和供求形势。

5. 政策法规

对市场物价的高低和变动都有限制和法律规定。

（二）企业的定价目标

企业自身的实际情况及所面临的外部环境不同，企业的定价目标也多种多样，主要有以下几种：

1. 实现利润最大化

这种目标通常是通过为产品制定一个较高的价格，从而提高产品单位利润率，最终实现企业利润最大化。适用于在市场中处于领先或垄断地位的企业，或者在行业竞争中具有很强的竞争优势，并能长时间保持这种优势的企业。

2. 保持或提高市场占有率

其产品价格往往需要低于同类产品价格，以较低的价格吸引客户，逐步扩大市场份额，但在短期内可能要牺牲一定的利润空间。这种定价目标适用于能够薄利多销的企业。

3．稳定价格

通常做法是由行业中的领导企业制定一个价格，其他企业的价格则与之保持一定的比例关系，无论是大企业，还是中小企业都不会随便降价。这种定价通常适用于产品标准化的行业，如钢铁制造业等。

4．应付和避免竞争

企业参照对市场有决定性影响的竞争对手的产品价格变动情况，随时调整本企业产品价格，但企业不会主动调整价格。这种定价方法主要适用于中小型企业。

5．树立企业形象

产品品牌以树立企业形象及产品品牌为定价目标主要有两种情况：一是树立优质高价形象；二是树立大众化评价形象。树立优质高价形象适用于某些品牌产品具有较高的质量的认知价值，会被某一客户群所认同和接受。

（三）产品定价方法

产品定价方法主要包括以成本为基础的定价方法和以市场需求为基础的定价方法两大类。

1．以成本为基础的定价方法

在企业成本范畴，基本上有三种成本可以作为定价基础，即变动成本、制造成本和全部成本费用。

（1）变动成本

包括变动制造成本和变动期间费用。变动成本可以作为增量产量的定价依据，但不能作为一般产品的定价依据。

（2）制造成本

一般包括直接材料、直接人工和制造费用。由于它不包括各种期间费用，因此，不能正确反映企业产品的真实价值消耗和转移。利用制造成本定价不利于企业简单再生产的继续进行。

（3）全部成本费用

包括制造成本和管理费用、销售费用及财务费用等各种期间费用。在此成本基础上制定价格，既可以保证企业简单再生产的正常进行，又可以使劳动者为社会劳动所创造的价值得以全部实现。因此，当前产品定价的基础，仍然是产品的完全成本。

2. 以市场需求为基础的定价方法

（1）需求价格弹性系数定价法

需求价格弹性系数含义：在其他条件不变的情况下，某种产品的需求量随其价格的升降而变动的程度，就是需求价格弹性系数。

系数计算公式：

$$E = \frac{\Delta Q/Q_0}{\Delta P/P_0} \qquad （式8-7）$$

式中：E 表示某种产品的需求价格弹性系数；ΔP 表示价格变动量；ΔQ 表示需求变动量；P_0 表示基期单位产品价格；Q_0 表示基期需求量。

（2）边际分析定价法

利润＝收入－成本

边际利润＝边际收入－边际成本＝0

边际收入＝边际成本

当边际收入等于边际成本时，利润最大，此时的价格为最优价格。

价格×（1－税率）＝单位成本＋单位利润

（四）价格运用策略

价格运用策略有以下几种：

1. 折让定价策略

折让定价策略是指在一定条件下，以降低产品的销售价格来刺激购买者，从而达到扩大产品销售量的目的。

2. 心理定价策略

心理定价策略是指针对购买者的心理特点而采取的一种定价策略。

种类：①声望定价，是指企业按照其产品在市场上的知名度和消费者中的信任程度来制定产品价格的一种方法。一般地，声望越高，价格越高，这就是产品的"名牌效应"。②尾数定价，即在制定产品价格时，价格的尾数取接近整数的小数（如199.9元）或带有一定谐音的数（158元）等。一般只适用于价值较小的中低档日用消费品定价。③双位定价，是指在向市场以挂牌价格销售时，采用两种不同的标价来促销的一种定价方法。这种策略适用于市场接受程度较低或销路不太好的产品。例如，某产品标明"原价158元，现促销价 99 元"。④高位定价，即根据消费者"价高质优"的心理特点实行高标价促销的方法。但高位定价必须是优质产品，不能弄虚作假。

3. 组合定价策略

组合定价策略是针对相关产品组合所采取的一种方法。

应用：①对于具有互补关系的相关产品，可以采取降低部分产品价格而提高互补产品价格，以促进销售，提高整体利润，如便宜的整车与高价的配件等。②对于具有配套关系的相关产品，可以对组合购买进行优惠，比如西服套装中的上衣和裤子等。组合定价策略可以扩大销售量、节约流通费用，有利于企业整体效益的提高

4. 寿命周期定价策略

根据产品生命周期，分阶段确定不同价格的定价策略。

推广期产品需要获得消费者的认同，进一步占有市场，应采用低价促销策略；成长期的产品有了一定的知名度，销售量稳步上升，可以采用中等价格；成熟期产品市场知名度处于最佳状态，可以采用高价促销，但由于市场需求接近饱和，竞争激烈，定价时必须考虑竞争者的情况，以保持现有市场销售量；衰退期的产品市场竞争力下降，销售量下滑，应该降价促销或维持现价并辅之以折扣等其他手段，同时，积极开发新产品，保持企业的市场竞争优势。

第三节　纳税管理

一、纳税管理概述

（一）纳税管理

企业纳税管理是指企业对其涉税业务和纳税实务所实施的研究和分析、计划和筹划、处理和监控、协调和沟通、预测和报告的全过程管理行为。纳税管理的目标是规范企业纳税行为、合理降低税收支出、有效防范纳税风险。投资、筹资、运营和分配等活动是企业财务管理的主要内容，而这些活动的决策过程无一不涉及纳税问题，因此，纳税管理贯穿于财务管理的各个组成部分，成为现代财务管理的重要内容。

（二）纳税筹划

在纳税管理的各个环节中，纳税筹划尤为重要。纳税筹划，是指在纳税行为发生之前，在不违反税法及相关法律法规的前提下，对纳税主体的投资、筹资、营运及分配行为等涉税事项做出事先安排，以实现企业财务管理目标的一系列谋划活动。纳税筹划的外在表现是降低税负和延期纳税。

（三）纳税筹划的原则

企业的纳税筹划必须遵循以下原则：

1. 合法性原则

企业开展税务管理必须遵守国家的各项法律法规。依法纳税是企业和公民的义务，也是纳税筹划必须坚持的首要原则。坚持合法性原则是纳税筹划与偷税、逃税、抗税和骗税等行为的本质区别，前者具有合法性，有利于企业财务管理目标的实现；而后者是违法行为，虽然暂时减轻了税收负担，但最终必然会受到法律制裁，给企业带来经济上和声誉上的损失，严重阻碍企业财务管理目标的实现。由于税收法律法规和各项优惠政策会随着社会经济发展变化而不断地进行调整和修订，为了保持纳税筹划的合法性，筹划者要时刻关注国家税收法律法规和税收优惠政策的变化情况。

2. 系统性原则

纳税筹划的系统性原则也称为整体性原则、综合性原则。一方面，企业纳税筹划的方案设计必须遵循系统观念，要将筹划活动置于财务管理的大系统下，与企业的投资、筹资、营运及分配策略相结合；另一方面，企业需要缴纳的税种之间常常相互关联，一种税的节约可能引起另一种税的增加，纳税筹划要求企业必须从整体角度考虑纳税负担，在选择纳税方案时，要着眼于整体税负的降低。

3. 经济性原则

纳税筹划的经济性原则也称成本效益原则。纳税筹划方案的实施，在为企业带买税收利益的同时，必然发生相应的成本支出，由于纳税筹划的目的是追求企业长期财务目标而非单纯的税负最轻，因此，企业在进行纳税筹划相关的决策时，必须进行成本效益分析，选择净收益最大的方案。

4. 先行性原则

纳税筹划的先行性原则是指筹划策略的实施通常在纳税义务发生之前。在经济活动中，纳税人可以根据税法及相关法规对各种经济事项的纳税义务进行合理预测，从中选择有利的筹划策略。如果纳税义务已经发生，根据税收法定原则，相应的纳税数额和纳税时间已经确定，纳税筹划就失去了作用空间。因此，企业进行税务管理时，要对企业的筹资、投资、营运和分配活动等进行事先筹划和安排，尽可能减少应税行为的发生，降低企业的纳税负担，从而实现纳税筹划的目的。

（四）纳税筹划的方法

1. 减少应纳税额

税收由国家权力强制执行，对于企业而言，纳税义务的产生必然会带来企业现金的流出和费用的增加。因此，纳税筹划的首要目的是在合法、合理的前提下减少企业的纳税义务。应纳税额的减少可以节约企业的费用和减少现金支出，从而提高企业的资本回报率和现金周转效率。企业可以通过利用税收优惠政策或转让定价筹划法来实现减少应纳税额的目标。

（1）利用税收优惠政策

利用税收优惠政策筹划法是指纳税人凭借国家税法规定的优惠政策进行纳税筹划的方法。税收优惠政策是指税法对某些纳税人和征税对象给予鼓励和照顾的一种特殊规定。具体来说，指的是国家为了扶持某些特定产业、行业、地区、企业和产品的发展，或者为了对某些有实际困难的纳税人给予照顾，在税法中做出的某些特殊规定，例如，免除其应缴的全部或部分税款，或按照其缴纳税款的一定比例给予返还等，从而减轻其税收负担。

从税制构成角度探讨，利用税收优惠进行纳税筹划主要是利用以下几个优惠要素：

第一，利用免税政策。利用免税筹划是指在合法、合理的情况下，使纳税人成为免税人，或使纳税人从事免税活动，或使征税对象成为免税对象而免纳税收的纳税筹划方法。利用免税筹划方法能直接免除纳税人的应纳税额，技术简单但使用范围狭窄，且具有一定的风险性。这种方法以尽量争取更多的免税待遇和尽量延长免税期为要点。

第二，利用减税政策。利用减税筹划是指在合法、合理的情况下，使纳税人减少应纳税额而直接节税的纳税筹划方法。其也具有技术简单、使用范围狭窄、具有一定风险性等特点。利用减税方法筹划以尽量争取更多的减税待遇并使减税最大化和减税期最长化为要点。

第三，利用退税政策。利用退税筹划是指在合法、合理的情况下，使税务机关退还纳税人已纳税款而直接节税的纳税筹划方法。在已缴纳税款的情况下，退税偿还了缴纳的税款，节减了税收，所退税额越大，节减的税收就越多。

第四，利用税收扣除政策。利用税收扣除筹划是指在合法、合理的情况下，使扣除额增加而实现直接节税，或调整各个计税期的扣除额而实现相对节税的纳税筹划方法。在收入相同的情况下，各项扣除额、宽免额、冲抵额等越大，计税基数就会越小，应纳税额也就越小，从而节税也就越多。利用税收扣除进行纳税筹划，技术较为复杂、适用范围较大、具有相对确定性。利用税收扣除进行纳税筹划的要点在于使扣除项目最多化、扣除金额最大化和扣除最早化。

第五，利用税率差异。利用税率差异筹划是指在合法、合理的情况下，利用税率的差异直接节税的纳税筹划办法。利用税率差异进行纳税筹划适用范围较广，具有复杂性、相对确定性的特点。采用税率差异节税不但受不同税率差异的影响，有时还受不同计税基数差异的影响，计税基数计算的复杂性使税率差异筹划变得复杂。其技术要点在于尽量寻求税率最低化，以及尽量寻求税率差异的稳定性和长期性。

第六，利用分劈技术。利用分劈技术筹划是指在合法、合理的情况下，使所得、财产在两个或更多个纳税人之间进行分劈而直接节税的纳税筹划技术。出于调节收入等社会政策的考虑，许多国家的所得税和一般财产税通常都会采用累进税率，计税基数越大，适用的最高边际税率也越高。使所得、财产在两个或更多个纳税人之间分劈，可以使计税基数降至低税率级次，从而降低最高边际适用税率，节减税收。

第七，利用税收抵免。利用税收抵免筹划是指在合法、合理的情况下，使税收抵免额增加而节税的纳税筹划方法。利用税收抵免筹划的要点在于使抵免项目最多化、抵免金额最大化。在其他条件相同的情况下，抵免的项目越多、金额越大，冲抵的应纳税项目与金额就越大，应纳税额就越小，因而节税就越多。

（2）转让定价筹划法

转让定价筹划法，主要是指通过关联企业采用非常规的定价方式和交易条件进行的纳税筹划。

转让定价指在经济活动中，有经济联系的企业各方为了转移收入、均摊利润或转移利润而在交换或买卖过程中，不是依照市场买卖规则和市场价格进行交易，而是根据他们之间的共同利益或为了最大限度地维护他们之间的收入而进行的产品或非产品转让。在这种转让中，根据双方的意愿，产品的转让价格可高于或低于市场上由供求关系决定的价格，以达到少纳税甚至不纳税的目的。

为了保证利用转让定价进行纳税筹划的有效性，筹划时应注意三点：一是要进行成本效益分析；二是价格的波动应在一定的范围之内，以防被税务机关调整而增加税负；三是纳税人可以运用多种方法进行全方位、系统的筹划安排。

2. 递延纳税

考虑到货币的时间价值和通货膨胀因素，纳税筹划的另一条思路是递延纳税。递延纳税是指在合法、合理的情况下，纳税人将应纳税款推迟一定期限的方法，递延纳税虽然不会减少纳税人纳税的绝对总额，但由于货币具有时间价值，递延纳税法可以使应纳税额的现值减小。

企业实现递延纳税的一个重要途径是采取有利的会计处理方法，在现实经济活动中，同一经济业务有时存在着不同的会计处理方法，而不同的会计处理方法又对企业的财务状况有着不同的影响，同时，这些不同的会计处理方法又都得到了税法的承认，因此，通过对有关会计处理方法筹划也可以达到相对节税的目的。利用会计处理方法进行递延纳税的筹划主要包括存货计价方法的选择和固定资产折旧的纳税筹划等。

二、企业筹资纳税管理

按筹资来源划分，企业筹资可划分为内部筹资和外部筹资。内部筹资来源于企业内部，以积累的留存收益为主，外部筹资来源于企业外部，又可分为债务筹资和股权筹资。

（一）内部筹资纳税管理

企业通常优先使用内部资金来满足资金需求，内部资金是企业已经持有的资金，并且无须花费筹资费用，与外部股权筹资相比，其资本成本更低；与债务筹资相比，降低了企业的财务风险。从税收角度来看，内部筹资虽然不能减少企业的所得税负担，但若将这部分资金以股利分配的形式发放给股东，股东会承担双重税负，若将这部分资金继续留在企业内部获取投资收益，投资者可以自由选择资本收益的纳税时间，可以享受递延纳税带来的收益。因此，内部筹资是减少股东税收的一种有效手段，有利于股东财富最大化的实现。

（二）外部筹资纳税管理

内部筹资一般不能满足企业的全部资金需求，因此，企业还需要进行外部筹资。企业需要的外部融资额，可以通过增加债务或增加权益资金来满足，这涉及资本结构管理问题。关于资本结构的理论有很多，其中的权衡理论认为，负债企业的价值是无负债企业价值加上抵税收益的现值，再减去财务困境成本的现值。其表达式为：

$$V_L = V_U + PV(利息抵税) - P(财务困境成本) \qquad （式8-8）$$

式中，V_L 表示负债企业的价值；V_U 表示无负债企业的价值；PV（利息抵税）表示利息抵税的现值；P（财务困境成本）表示财务困境成本的现值。

在目标资本结构的范围内，企业会优先使用负债融资，这是因为企业价值由企业未来经营活动现金流量的现值决定，负债融资的利息可以在计算应纳税所得额时予以扣除，这就降低了企业的纳税负担，减少了企业经营活动现金流出量，增加了企业价值。在债务利息率不变的情况下，企业财务杠杆越高，企业所取得的节税收益越大，但过高的财务杠杆可能会使企业陷入财务困境，出现财务危机甚至破产，从而带来企业价值的损失。纳税筹划的最终目的是企业财务管理目标的实现而非税负最小化，因此，在进行债务筹资纳税筹划时必须考虑企业的财务困境成本，选择适当的资本结构。

对于股东而言，采用债务筹资的好处不仅仅在于节税效应，更重要的是固定性融资成本所带来的财务杠杆效应，即在某一固定的债务与权益融资结构下由于息税前利润的变动引起每股收益产生更大变动程度的现象，这一现象可以从下式得到反映：

权益净利率（税前）＝总资产收益率（息税前）＋［总资产收益率（息税前）－债务利息率］×产权比率

由上式可知，当且仅当总资产收益率（息税前）大于债务利息率时，负债筹资才能给股东带来正的财务杠杆效应，有利于股东财富的增加。当总资产收益率（息税前）小于债务利息率且大于零时，产权比率越大，节税收益越大，但股东财富的减少幅度也越大。因此，从股东财富最大化视角考虑，使用债务筹资进行纳税筹划必须满足总资产收益率（息税前）大于债务利息率的前提条件。

三、企业投资纳税管理

（一）直接投资纳税管理

按投资方向，直接投资纳税管理可以划分为直接对内投资纳税管理和直接对外投资纳税管理。

1. 直接对外投资纳税管理

企业的直接对外投资，主要包括企业联营、合营和设立子公司等行为，由于这类投资规模较大，选择范围广，存在较为广阔的纳税筹划空间。纳税人可以在投资组织形式、投资行业、投资地区和投资收益取得方式的选择上进行筹划。

（1）投资组织形式的纳税筹划

①公司制企业与合伙企业的选择。我国对公司制企业和合伙制企业在所得税的纳税规定上有所不同，公司的营业利润在分配环节课征企业所得税，当税后利润作为股息分配给个人股东时，股东还要缴纳个人所得税，因此，股东面临着双重税收问题。而合伙企业不缴纳企业所得税，只课征各个合伙人分得收益的个人所得税。

②子公司与分公司的选择。企业发展到一定规模后，可能需要建立分公司或子公司。从税法上看，子公司需要独立申报企业所得税，分公司的企业所得税由总公司汇总计算并缴纳。根据企业分支机构可能存在的盈亏不均、税率差别等因素来决定分支机构的设立形式，能合法、合理地降低税收成本。

（2）投资行业的纳税筹划

我国不同行业的税收负担不同，在进行投资决策时，应尽可能选择税收负担较轻的行业。例如，税法规定，对于国家重点扶持的高新技术企业，按15%的税率征收企业所得税；对于创业投资企业进行国家重点扶持和鼓励的投资，可以按投资额的一定比例抵扣应纳税所得额。

（3）投资地区的纳税筹划

由于世界各国以及我国不同地区的税负各有差异，企业在选择注册地点时，应考虑不同地区的税收优惠政策。向海外投资时，由于不同国家税法有较大差异，应该仔细研究有关国家的税收法规。

（4）投资收益取得方式的纳税筹划

企业的投资收益由股息红利和资本利得两部分组成，但这两种收益的所得税税务负担不同。根据企业所得税法规定，居民企业直接投资于其他居民企业取得股息、红利等权益性投资收益为企业的免税收入，不包括连续持有居民企业公开发行并上市流通的股票不足12个月取得的投资收益。而企业卖出股份所取得的投资收益则需要缴纳企业所得税。因此，在选择回报方式时，投资企业可以利用其在被投资企业中的地位，使被投资企业进行现金股利分配，这样可以减少投资企业取得投资收益的所得税负担。

2. 直接对内投资纳税管理

直接对内投资是指在本企业范围内的资金投放，用于购买和配置生产经营所需的生产资料，这里主要对长期经营资产进行纳税筹划。虽然长期经营性投资会涉及流转税和所得税，但固定资产投资由企业战略和生产经营的需要决定，税法对固定资产的涉税事项处理均有详细的规定，在投资环节的纳税筹划较少。企业在具备相应的技术实力时，应该进行自主研发，从而享受加计扣除优惠。

（二）间接投资纳税管理

间接投资又称证券投资，是指企业用资金购买股票、债券等金融资产而不直接参与其他企业生产经营管理的一种投资活动。资产负债表中的交易性金融资产、其他权益工具投资、债权投资等就属于企业持有的间接投资。与直接投资相比，间接投资考虑的税收因素较少，但也有纳税筹划的空间。在投资金额一定时，证券投资决策的主要影响因素是证券的投资收益，不同种类证券收益应纳所得税不同，在投资决策时，应该考虑其税后收益。纳税人应该密切关注税法，及时利用税法在投资方面的优惠政策进行纳税筹划。

四、企业营运纳税管理

企业的营运活动主要是指企业的日常经营活动，通常包括采购环节、生产环节和销售环节，这会产生流转税纳税义务。企业的营运活动也会导致收入的实现，从而产生所得税纳税义务。故在进行企业营运纳税筹划时要综合考虑企业流转税和所得税，以实现企业价值最大化。在"营改增"背景下，增值税将成为最主要的流转税种，由于制造业企业营运活动覆盖范围更广，因此，这里以工业企业为例来说明生产经营活动中增值税和所得税的纳税管理。

（一）采购的纳税管理

采购主要影响流转税中增值税进项税额，可以从以下四个方面进行纳税筹划。

1. 增值税纳税人的纳税筹划

增值税纳税人分为一般纳税人和小规模纳税人。我国税务机关对两类纳税人采用不同的征收办法，由此会产生相应的税负差别。某些处于生产经营初期的纳税人，由于其经营规模较小，可以选择成为一般纳税人或小规模纳税人，故存在纳税人身份的纳税筹划问题。增值税一般纳税人以不含税的增值额为计税基础，小规模纳税人以不含税销售额为计税基础，在销售价格相同的情况下，税负的高低主要取决于增值率的大小。一般来说，增值率高的企业，适宜作为小规模纳税人；反之，适宜作为一般纳税人。当增值率达到某一数值时，两类纳税人的税负相同，这一数值被称为无差别平衡点增值率。

2. 购货对象的纳税筹划

企业从不同类型的纳税人处采购货物，所承担的税收负担也不一样。一般纳税人从一般纳税人处采购的货物，增值税进项税额可以抵扣。一般纳税人从小规模纳税人采购的货物，增值税不能抵扣（由税务机关代开的除外）。为了弥补购货人的损失，小规模纳税人有时会在价格上给予优惠，在选择购货对象时，要综合考虑由于价格优惠所带来的成本的减少和不能抵扣的增值税带来的成本费用的增加。

3. 结算方式的纳税筹划

结算方式包括赊购、现金、预付等。在价格无明显差异的情况下，采用赊购方式不仅可以获得推迟付款的好处，还可以在赊购当期抵扣进项税额；采用预付方式时，不仅要提前支付货款，在付款的当期如果未取得增值税专用发票，相应的增值税进项税额不能被抵扣。因此，在购货价格无明显差异时，要尽可能选择赊购方式。在三种购货方式的价格有差异的情况下，需要综合考虑货物价格、付款时间和进项税额抵扣时间。

4. 增值税专用发票管理

根据进项税额抵扣时间的规定，对于取得防伪税控系统开具的增值税专用发票，需要认证抵扣的企业，在取得发票后应该尽快到税务机关进行认证。购进的多用途物资应先进行认证再抵扣，待转为非应税项目时再做进项税额转出处理，以防止非应税项目物资转为应税项目时由于超过认证时间而不能抵扣其进项税额。

（二）生产的纳税管理

企业生产过程实际上是各种原材料、人工工资和相关费用转移到产品的全过程，可以从以下三个方面进行纳税筹划：

1. 存货计价的纳税筹划

存货的计价方法有多种，按照现行的税法规定，纳税人存货的计算应以实际成本为准。纳税人各项存货的发生和领用的成本计价方法，可以在先进先出法、加权平均法、个别计价法中选一种。计价方法一经选用，不得随意变更。虽然从长期看来，存货的计价方法不会对应纳增值税总额产生影响，但是不同的存货计价方法可以通过改变销售成本，继而改变所得税纳税义务在时间上的分布来影响企业价值。从筹划的角度看来，纳税人可以通过采用不同的计价方法对发出存货的成本进行筹划，根据实际情况选择有利于纳税筹划的存货计价方法。

如果预计企业将长期盈利，则存货成本可以最大限度地在本期所得额中税前扣除，应选择使本期存货成本最大化的存货计价方法；如果预计企业将亏损或者企业已经亏损，选择的计价方法必须使亏损尚未得到完全弥补的年度的成本费用降低，尽量使成本费用延迟到以后能够完全得到抵补的时期，才能保证成本费用的抵税效果最大化。如果企业正处于所得税减税或免税期间，就意味着企业获得的利润越多，得到的减免税额越多。因此，应该选择减免税期间内存货成本最小化的计价方法，减少企业的当期摊入，尽量将存货成本转移到非税收优惠期间。相反，当企业处于非税收优惠期间时，应选择使得存货成本最大化的计价方法，以达到减少当期应纳税所得额、延迟纳税的目的。

2. 固定资产的纳税筹划

首先，在固定资产计价方面，由于折旧费用是在未来较长时间内陆续计提的，为降低本期税负，新增固定资产的入账价值要尽可能低；其次，从固定资产折旧年限来看，固定资产的折旧年限是人为估计值，虽然税法对固定资产规定了最低的折旧年限，纳税筹划不能突破关于折旧年限的最低要求，但是，当企业正处于税收优惠期间或亏损期间时，较高估计固定资产折旧年限有助于其抵税效果最大化；最后，在固定资产折旧方法方面，税法规定在一般情况下应该采取直线法计算固定资产的折旧，只有当企业的固定资产由于技术进步等原因，确需加速折旧时，才可以缩短折旧年限或采用加速折旧方法。在考虑了货币的时间价值后，直线法折旧和加速折旧法会对折旧的抵税收益造成不同影响，加速折旧法包括双倍余额递减法和年数总额法，这两种折旧方法的抵税效益也不相同，在进行纳税筹划时，要慎重选择。

推迟利润实现获取货币的时间价值并不是固定资产纳税筹划的最终目的，不同税收政策的企业，以及不同盈利状况的企业应该选取不同的筹划方法。对于盈利企业，新增固定资产入账时，其账面价值应尽可能低，尽可能在当期扣除相关费用，尽量缩短折旧年限或采用加速折旧法。对于亏损企业和享受税收优惠的企业，应该合理预计企业的税收优惠期间或弥补亏损所需年限，采用适当的折旧安排，尽量在税收优惠期间和亏损期间少提折旧，以达到抵税收益最大化。

3. 期间费用的纳税筹划

企业在生产经营过程中所发生的费用和损失，只有部分能够计入所得税扣除项目，且有些扣除项目还有限额规定。企业应该严格规划招待费的支出时间，对于金额巨大的招待费，争取在两个或多个会计年度分别支出，从而使扣除金额最多。

（三）销售的纳税管理

销售在企业经营管理中占有非常重要的地位，销售收入的大小不仅关系到当期流转税额，也关系到企业应纳税所得额，是影响企业税收负担的主要环节。企业销售过程中需要注意以下税收问题：

1. 结算方式的纳税筹划

不同销售结算方式中纳税义务的发生时间不同，这为企业进行纳税筹划提供了可能。销售结算方式的筹划是指在税法允许的范围内，尽量采取有利于本企业的结算方式，以推迟纳税时间，获得纳税期的递延。分期收款结算方式以合同约定日期为纳税义务发生时间，企业在产品销售过程中，在应收款项无法收回或只能部分收回情况下，应该选择分期收款结算方式。委托代销商品方式下，委托方在收到销货清单时才确认销售收入，产生纳税义务。因此，企业在不能及时收到货款的情况下，可以采用委托代销、分期收款等销售方式，等收到代销清单或合同约定的收款日期到来时再开具发票，承担纳税义务，从而起到延缓纳税的作用。

2. 促销方式的纳税筹划

不同促销方式下，同样的产品取得的销售额有所不同，其应交增值税也有可能不一样。

在销售环节，常见的促销方式有销售折扣和折扣销售。销售折扣是指销货方在销售货物或提供应税劳务和应税服务后，为了鼓励购货方及早偿还货款而许诺给予购货方的一种折扣优待，又称为现金折扣。销售折扣不得从销售额中减除，不能减少增值税纳税义务，但是可以尽早收到货款，可以提高企业资金周转效率。折扣销售，是给予消费者购货价格上的优惠，如八折销售等。如果销售额和折扣额在同一张发票"金额"栏上注明，可以以销售额扣除折扣额后的余额作为计税金额，减少企业的销项税额。

在零售环节，常见的促销方式有折扣销售、实物折扣和以旧换新等，实物折扣是指销货方在销售过程中，当购买方购买货物时配送、赠送一定数量的货物，实物款额不仅不能从货物销售额中减除，而且还需要按"赠送他人"计征增值税。以旧换新，一般应按新货物的同期销售价格确定销售额，不得扣减旧货物的收购价格。因此，从税负角度考虑，企业适合选择折扣销售方式。

五、企业利润分配纳税管理

企业通过投资活动和营运活动取得的收入在弥补了相应的成本费用之后，便形成了企业的利润总额，由此进入了企业利润分配环节，利润分配纳税管理主要包括两个部分：所得税纳税管理和股利分配纳税管理。

（一）所得税的纳税管理

为了保证股东分配的利润水平，在合法、合理的情况下，纳税人应该通过纳税筹划尽可能减少企业的所得税纳税义务或者递延缴纳所得税。基于税收法定原则，所得税的纳税金额和纳税时间在经济事项或交易发生之时就已经确定，对于所得税的纳税筹划，主要是在筹资、投资和经营环节，筹划思路和方法。而利润分配环节的所得税纳税管理主要体现为亏损弥补的纳税筹划。

亏损弥补的纳税筹划，最重要的就是正确把握亏损弥补期限。税法规定，纳税人发生年度亏损，可以用下一纳税年度的所得弥补，下一年度的所得不足以弥补的，可以逐年延续弥补，但延续弥补期最长不得超过 5 年。但对于高新技术企业和科技型中小企业，自 2018 年 1 月 1 日起，亏损结转年限由 5 年延长至 10 年。值得注意的是，这里的亏损是指税法上的亏损，即应纳税所得额为负值。因此，当企业发生亏损后，纳税筹划的首要任务是增加收入或减少可抵扣项目，使应纳税所得额尽可能多，以尽快弥补亏损，获得抵税收益。

（二）股利分配的纳税管理

由于股东面临双重税负，公司分配给投资者的股利并不是股东的最终收益，为了降低股东的纳税义务、获得更多收益，公司有必要对股利分配进行纳税筹划。股利分配纳税筹划首要考虑的问题是企业是否分配股利。由于《企业所得税法》和《个人所得税法》对投资收益的税务处理规定不同，因此，对于不同类型股东，公司侧重于不同的股利政策。

1. 基于自然人股东的纳税筹划

对于自然人股东而言，从上市公司取得的股息红利收益和资本利得收益的纳税负担不同。据财税文件的规定，个人从公开发行和转让市场取得的上市公司股票，持股期限超过 1 年的，股息红利所得暂免征收个人所得税。持股期限在 1 个月以内（含 1 个月）的，其股息红利所得全额计入应纳税所得额；持股期限在 1 个月以上至 1 年（含 1 年）的，暂减按 50% 计入应纳税所得额；上述所得统一适用 20% 的税率计征个人所得税。如果投资个人不是获取现金或股票股利，而是通过股票交易获得投资收益，对股票转让所得不征收个人所得税，即暂不征收资本利得税，但投资个人在股票交易时须承担成交金额的 1‰ 的印花税。因此，当前法律制度下，对于上市公司自身而言，进行股利分配可以鼓励个人投资者长期持有公司股票，有利于稳定股价；对于自然人股东而言，如果持股期限超过 1 年，由于股票转让投资收益的税负（印花税）重于股息红利收益的税负（0 税负），上市公司发放股利有利于长期持股的个人股东获得纳税方面的好处。

2. 基于法人股东的纳税筹划

这里的法人股东主要指具有独立法人资格的公司制企业。投资企业从居民企业取得的股息等权益性收益所得只要符合相关规定都可享受免税收入待遇，而不论该投资企业是否为居民企业。而投资企业通过股权转让等方式取得的投资收益需要计入应纳税所得额，按企业适用的所得税率缴纳企业所得税。由此可知，如果被投资企业进行股利分配，则投资企业取得的股息红利收益不需要缴纳企业所得税，而如果被投资企业不进行股利分配，投资企业直接以转让股权方式取得投资收益，则会导致原本可免征企业所得税的股息红利投资收益转化成股权转让收益缴纳企业所得税。因此，被投资企业进行股利分配有利于投资企业减轻税收负担。因此，基于法人股东考虑，公司进行股利分配可以帮助股东减少纳税负担，增加股东收益。为了维持与股东的良好关系，保障股东利益，在企业财务状况允许的情况下，公司应该进行股利分配。

以上两点仅仅是从股东税负方面对股利分配政策进行筹划，在实际工作中，股利分配的制约因素很多，包括法律因素、公司因素、股东因素等，避税仅仅是股东所考虑的因素的一个方面，是一些获得高投资收益的股东所关心的问题。因此，在进行纳税筹划时，应该坚持系统性原则，综合考虑股利分配的各方面制约因素，这一环节的纳税筹划目标不仅仅是股东税负最小，而是要选择有利于企业长远发展的筹划方案，这样更有利于增加股东财富。

六、企业重组纳税管理

在企业的生命周期中，除了筹资、投资和营运等日常活动外，有时候还会发生使企业法律结构或经济结构重大改变的交易，包括企业法律形式改变、债务重组、股权收购、资产收购、合并和分立等，这些交易可以统称为企业重组。企业重组对企业影响巨大，甚至决定企业的生死存亡，而纳税筹划与企业重组关系密切：一方面，企业重组过程往往伴随着流转税和所得税纳税义务的产生，适当的纳税管理可以降低企业并购环节的税收负担，从而减少并购成本；另一方面，企业重组可能会给企业税负带来长期影响。因此，有必要对企业重组进行纳税管理。

（一）企业合并的纳税筹划

会计上的企业合并包括吸收合并、新设合并和控股合并，而税法意义上的企业合并只包括吸收合并和新设合并，这里主要是指税法意义上的企业合并。

1. 并购目标企业的选择

并购目标企业选择中的纳税筹划途径大致分为三方面：

（1）并购有税收优惠政策的企业

企业在选择并购目标时，应充分重视行业优惠因素和地区优惠因素，在同等条件下，优先选择享有税收优惠政策的企业，可以使并购后企业整体的税务负担较小。

（2）并购亏损的企业

如果企业并购重组符合特殊性税务处理的规定，合并企业可以对被合并企业的亏损进行弥补，获得抵税收益，可由合并企业弥补的被合并企业亏损的限额等于被合并企业净资产公允价值乘以截至合并业务发生当年年末国家发行的最长期限的国债利率。因此，在综合考虑了其他条件之后，企业应该选择亏损企业作为并购目标；在亏损企业中，应该优先考虑亏损额接近于法定最高亏损弥补额的企业。

（3）并购上下游企业或关联企业

并购可以实现关联企业或上下游企业流通环节的减少，减少流转税纳税义务。

2. 并购支付方式的纳税筹划

我国税法对不同的并购支付方式对应的税务处理的规定存在差异，这为企业并赈纳税筹划提供了可能的空间。常见的并购支付方式有股权支付、非股权支付，在支付时，可以单独使用其中一种方式或同时使用两种方式。

（1）股权支付

股权支付是指企业重组中购买、换取资产的一方支付的对价中，以本企业或其控股企业的股权、股份作为支付的形式。对并购公司而言，与现金支付相比，股权支付不会给企业带来融资压力，降低了企业的财务风险。股权支付是对企业合并采取特殊性税务处理方法的必要条件。当企业符合特殊性税务处理的其他条件，且股权支付金额不低于其交易支付总额的85%时，可以使用资产重组的特殊性税务处理方法，这样可以相对减少合并环节的纳税义务，获得抵税收益。

（2）非股权支付

非股权支付是指在企业并购过程中，以本企业的现金、银行存款、应收款项、本企业或其控股企业股权和股份以外的有价证券、存货、固定资产、其他资产以及承担债务等作为支付的形式。非股权支付采用一般性税务处理方法，对合并企业而言，须对被合并企业公允价值大于原计税基础的所得进行确认，缴纳所得税。并且不能弥补被合并企业的亏损。对于被合并企业的股东而言，需要对资产转让所得缴纳所得税，因此，如果采用非股权支付方式，就要考虑到目标公司股东的税收负担，这样势必会增加收购成本。

（二）企业分立的纳税筹划

1. 分立方式的选择

企业分立可以分为新设分立和存续分立，企业应该根据实际情况进行选择。

（1）新设分立

新设分立是指原企业解散，分立出的各方分别设立为新的企业。可以通过新设分立，把一个企业分解成两个甚至更多个新企业，单个新企业应纳税所得额大大减少，使之适用小型微利企业，可以按照更低的税率征收所得税。或者通过分立，使某些新设企业符合高新技术企业的优惠，所适用的税率也就相对较低，从而使企业的总体税收负担低于分立前的企业。

（2）存续分立

存续分立是指原企业存续，而其一部分分出设立为一个或数个新的企业。通过存续分立，可以将企业某个特定部门分立出去，获得流转税的税收利益。例如，消费税的课征只选单一环节，而消费品的流通还存在批发、零售等环节，企业可以将原来的销售部门分立为一个新的销售公司，在出售消费品给销售公司时，适当降低生产环节的销售价格（应当参照社会平均销售价格），从而降低消费税负担，销售公司再以正常价格出售，有利于整体税负的节约。此外，将销售部分立为一个子公司，还可以增加产品在企业集团内部的销售环节，从而扩大母公司的销售收入，增加可在税前列支的费用数额（如业务招待费和广告费），从而达到节税的目的。

2. 支付方式的纳税筹划

企业分立的支付方式有股权支付与非股权支付。股权支付是对企业分立采取特殊性税务处理方法的必要条件。当企业符合特殊性税务处理的其他条件，且被分立企业股东在该企业分立发生时取得的股权支付金额不低于其交易支付总额的85%时，可以使用企业分立的特殊性税务处理方法。这样不但可以相对减少分立环节的所得税纳税义务，而且被分立企业未超过法定弥补期限的亏损额可按分立资产占全部资产的比例进行分配，由分立企业继续弥补，分立企业可以获得抵税收益。因此，分立企业应该优先考虑股权支付，或者尽量使股权支付金额不低于其交易支付总额的 85%，争取达到企业分立的特殊性税务处理条件。

第四节　分配管理

一、股利政策与企业价值

股利政策是指在法律允许的范围内，企业是否发放股利、发放多少股利以及何时发放股利的方针及对策。股利政策的最终目标是使公司价值最大化。

（一）股利分配理论

股利分配理论如下：

1. 股利无关论

股利无关论认为，在一定的假设条件限制下，股利政策不会对公司的价值或股票的价格产生任何影响，投资者不关心公司股利的分配。公司市场价值的高低，是由公司所选择的投资决策的获利能力和风险组合所决定，而与公司的利润分配政策无关。

2. 股利相关论

（1）"手中鸟"理论

该理论认为，公司的股利政策与公司的股票价格是密切相关的，即当公司支付较高的股利时，公司的股票价格会随之上升，公司价值将得到提高。

（2）信号传递理论

该理论认为，在信息不对称的情况下，公司可以通过股利政策向市场传递有关公司未来盈利能力的信息，从而会影响公司的股价。一般来讲，预期未来盈利能力强的公司往往愿意通过相对较高的股利支付水平，把自己同预期盈利能力差的公司区别开来，以吸引更多的投资者。

（3）所得税差异理论

该理论认为，由于普遍存在的税率的差异及纳税时间的差异，资本利得收益比股利收益更有助于实现收益最大化目标，企业应当采用低股利政策。

（4）代理理论

该理论认为，股利的支付能够有效地降低代理成本：

①股利的支付减少了管理者对自由现金流量的支配权，这在一定程度上可以抑制公司管理者过度投资或在职消费行为，从而保护外部投资者的利益。

②较多的现金股利发放，减少了内部融资，导致公司进入资本市场寻求外部融资，从而公司可以经常接受资本市场的有效监督，这样便可以通过资本市场的监督减少代理成本。

（二）股利政策

1. 剩余股利政策

剩余股利政策含义、依据、步骤如下：

第一，含义：是指公司在有良好投资机会时，根据目标资本结构，测算出投资所需的权益资本额，先从盈余中留用，然后将剩余的盈余作为股利发放。

第二，依据：股利无关论。

第三，步骤。

（1）设定目标资本结构，在此结构下，公司的加权平均资本成本将达最低水平。

（2）确定公司的最佳资本预算，并根据公司的目标资本结构预计资金需求中所需增加的权益资本数额。

（3）最大限度地使用留存收益来满足资金需求中所需的权益资本数额。

（4）留存收益在满足公司权益资本增加后，若还有剩余再用来发放股利。

2. 固定或稳定增长的股利政策

固定或稳定增长的股利政策含义、特点、适用情况如下：

第一，含义：是指公司将每年派发的股利额固定在某一特定水平或是在此基础上维持某一固定比率逐年稳定。

第二，特点。

优点：①稳定的股利向市场传递公司正常发展的信息，有利于树立公司的良好形象，增强投资者信心，稳定股票的价格；②稳定的股利额有利于投资者安排股利收入与支出，有利于吸引那些打算进行长期投资并对股利有很高依赖性的股东；③为了将股利维持在稳定的水平上，即使推迟某些投资方案或暂时偏离目标资本结构，也可能比降低股利或股利增长率更为有利。

缺点：①股利的支付与企业的盈利相脱节；②在企业无利可分时，若依然实施该政策，也是违反《公司法》的行为。

3. 固定股利支付率政策

固定股利支付率政策含义、优缺点、适用情况如下：

第一，含义：是指公司将每年净收益的某一固定百分比作为股利分派给股东。这一百分比通常称为股利支付率，股利支付率一经确定，一般不得随意变更。

第二，优点：①采用固定股利支付率政策，股利与公司盈余紧密配合，体现了多盈多分、少盈少分、无盈不分的股利分配原则。②采用固定股利支付率政策，公司每年按固定的比例从税后利润中支付现金股利，从企业支付能力的角度看，这是一种稳定的股利政策。

第三，缺点：①年度间股利支付额波动较大，股利的波动很容易给投资者带来经营状况不稳定、投资风险较大的不良印象，成为影响股价的不利因素。②容易使公司面临较大的财务压力。因为公司实现的盈利多，并不代表公司有充足的现金派发股利，只能表明公司盈利状况较好而已。③合适的固定股利支付率的确定难度大。如果固定股利支付率确定得较低，不能满足投资者对投资收益的要求；而固定股利支付率确定得较高，没有足够的现金派发股利时会给公司带来巨大的财务压力

4. 低正常股利加额外股利政策

低正常股利加额外股利政策含义、优缺点、适用情况如下：

第一，含义：是指公司事先设定一个较低的正常股利额，每年除了按正常股利额向股东发放股利外，还在企业盈余较多、资金较为充裕的年度向股东发放额外股利。

第二，优点：①赋予公司一定的灵活性，使公司在股利发放上留有余地和具有较大的财务弹性。公司可根据每年的具体情况，选择不同的股利发放水平，以稳定和提高股价，进而实现公司价值的最大化。②使那些依靠股利度日的股东每年至少可以得到虽然较低但比较稳定的股利收入，从而吸引住这部分股东。

第三，缺点：①由于年份之间公司盈利的波动使得额外股利不断变化，造成分派的股利不同，容易给投资者收益不稳定的感觉。②当公司在较长时期持续发放额外股利后，可能会被股东误认为是"正常股利"，一旦取消，传递出去的信号可能会使股东认为这是公司财务状况恶化的表现，进而导致股价下跌。

二、利润分配的制约因素

（一）法律因素

法律因素如下：

1. 资本保全的约束

不能用资本（包括实收资本或股本和资本公积）发放股利。

2. 资本积累约束

规定公司必须按照一定的比例和基数提取各种公积金，股利只能从企业的可供分配利润中支付。

3. 超额累积利润约束

如果公司为了避税而使得盈余的保留大大超过了公司目前及未来的投资需要时，将被加征额外的税款。

4. 偿债能力约束

要求公司考虑现金股利分配对偿债能力的影响，确定在分配后仍能保持较强的偿债能力，以维持公司的信誉和借贷能力，从而保证公司的正常资金周转。

（二）公司因素

公司因素如下：

1. 现金流量

公司在进行利润分配时，要保证正常的经营活动对现金的需求，以维持资金的正常周转，使生产经营得以有序进行。

2. 资产的流动性

资产流动性较低的公司往往支付较低的股利。

3. 盈余的稳定性

一般来讲，公司盈余越稳定，则其股利支付水平越高。

4. 投资机会

投资机会多——低股利；投资机会少——高股利。

5. 筹资因素

筹资能力强——高股利。

6. 其他因素

不同发展阶段、不同行业的公司股利支付比例会有差异。

（三）股东因素

股东因素如下：

1. 控制权

具有控制权的股东往往主张限制股利的支付，愿意保留较多的盈余，以防止控制权旁落他人。

2. 稳定的收入

从稳定收入的角度考虑，靠股利维持生活的股东要求支付稳定的股利。

3. 避税

一般来讲，股利收入的税率要高于资本利得的税率，因此，很多股东出于税负因素的考虑，偏好于低股利支付水平。

三、股利支付形式与程序

（一）股利支付形式

1. 现金股利

是以现金支付的股利，它是股利支付的最常见的方式。

2. 财产股利

是以现金以外的其他资产支付的股利，主要是以公司所拥有的其他公司的有价证券，如债券、股票等，作为股利支付给股东。

3. 负债股利

是以负债方式支付的股利，通常以公司的应付票据支付给股东，有时也以发放公司债券的方式支付股利。

4. 股票股利

股票股利，是公司以增发股票的方式所支付的股利。

（二）股票股利

1. 股票股利的影响

股票股利对公司来说，并没有现金流出企业，也不会导致公司的财产减少，而只是将公司的未分配利润转化为股本和资本公积。但股票股利会增加流通在外的股票数量，同时降低股票的每股价值。它不会改变公司股东权益总额，但会改变股东权益的构成。

2. 发放股票股利的优点

（1）股东角度

①有时股价并不呈比例下降，可使股票价值相对上升。

②由于股利收入和资本利得税率的差异，如果股东把股票股利出售，还会给他带来资本利得纳税上的好处。

（2）公司角度

①不需要向股东支付现金，在再投资机会较多的情况下，公司就可以为再投资提供成本较低的资金，从而有利于公司的发展。

②可以降低公司股票的市场价格，既有利于促进股票的交易和流通，又有利于吸引更多的投资者成为公司股东，进而使股权更为分散，有效地防止公司被恶意控制。

③可以传递公司未来发展良好的信息，从而增强投资者的信心，在一定程度上稳定股票价格。

（三）股利支付程序

1. 股利宣告日

董事会将股利支付情况予以公告的日期。

2. 股权登记日

有权领取本期股利的股东资格登记截止日期。在这一天之后取得股票的股东则无权领取本次分派的股利。

3. 除息日

领取股利的权利与股票分离的日期。在除息日之前购买的股票才能领取本次股利，而在除息日当天或是以后购买的股票，则不能领取本次股利。

4. 股利发放日

向股权登记日在册的股东实际支付股利的日期。

四、股票分割和股票回购

（一）股票分割

1. 含义

股票分割又称拆股，即将一股股票拆分成多股股票的行为。

2. 作用

①降低股票价格；②向市场和投资者传递"公司发展前景良好"的信号，有助于提高投资者对公司股票的信心。

（二）股票回购

1. 含义

是指上市公司出资将其发行的流通在外的股票以一定价格购买回来予以注销或作为库存股的一种资本运作方式。

2. 方式

（1）公开市场回购

公司在股票的公开交易市场上以当前市场价格回购股票。

（2）要约回购

公司在特定期间向市场发出的以高出股票当前市场价格的某一价格，回购既定数量股票的要约。

（3）协议回购

公司以协议价格直接向一个或几个主要股东回购股票。

3. 动机

（1）现金股利的替代。

（2）改变公司的资本结构（提高公司的财务杠杆水平）。

（3）传递公司信息（一般情况下，投资者会认为股票回购意味着公司认为其股票价值被低估而采取的应对措施）。

（4）基于控制权的考虑。回购——巩固控制权。

4. 影响

（1）提升公司调整股权结构和管理风险的能力，提高公司整体质量和投资价值。

（2）因实施持股计划和股权激励的股票回购，形成资本所有者和劳动者的利益共同体，有助于提高投资者的回报能力；将股份用于转换上市公司发行的可转换为股票的公司债券实施的股票回购，也有助于拓展公司融资渠道，改善公司资本结构。

（3）公司股价严重低于股份内在价值时，适时进行股份回购，减少股份供应量，有助于稳定股价，增强投资者信心。

（4）用大量资金支付回购成本，容易造成资金紧张，降低资产流动性，影响公司的后续发展；但在公司没有合适的投资项目又持有大量现金的情况下回购股份能更好地发挥货币资金的作用。

（5）上市公司通过履行信息披露义务和公开的集中交易方式进行股份回购有利于防止操纵市场、内幕交易等利益输送行为。

五、股权激励

股权激励是一种通过经营者获得公司股权形式给予企业经营者一定的经济权利，使他们能够以股东的身份参与企业决策、分享利润、承担风险，从而勤勉尽责地为公司的长期发展服务的一种激励方法。

（一）股票期权模式

1. 含义

股票期权模式是指股份公司赋予激励对象（如经理人员）在未来某一特定日期内以特定价格购买一定数量的公司股份的选择权。

2. 适用情况

股票期权模式比较适合那些初始资本投入较少，资本增值较快，处于成长初期或扩张期的企业，如网络、高科技等风险较高的企业。

（二）限制性股票模式

1. 含义

是指公司为了实现某一特定目标，先将一定数量的股票赠予或以较低价格售予激励对象。只有当激励对象实现预定目标后才可将限制性股票抛售并从中获利；若预定目标没有实现，公司有权将免费赠予的限制性股票收回或者将售出股票以激励对象购买时的价格回购。

2. 适用情况

对于处于成熟期的企业，由于其股价的上涨空间有限，因此，采用限制性股票模式较为合适。

（三）股票增值权模式

1. 含义

股票增值权模式是指公司授予经营者一种权利，如果经营者努力经营企业，在规定的期限内，公司股票价格上升或公司业绩上升，经营者就可以按一定比例获得这种由股价上涨或业绩提升所带来的收益，收益为行权价与行权日二级市场股价之间的差价或净资产的增值额。

2. 适用情况

股票增值权激励模式较适合现金流量比较充裕且比较稳定的上市公司和现金流量比较充裕的非上市公司。

（四）业绩股票激励模式

1. 含义

业绩股票激励模式是指公司在年初确定一个合理的年度业绩目标，如果激励对象经过大量努力后，在年末实现了公司预定的年度业绩目标，则公司给予激励对象一定数量的股票，或奖励其一定数量的奖金来购买本公司的股票。业绩股票在锁定一定年限以后才可以兑现。

2. 适用情况

业绩股票激励模式只对公司的业绩目标进行考核，不要求股价的上涨，因此，比较适合于业绩稳定型的上市公司及其集团公司、子公司。

参考文献

[1] 郝渊晓，王张明，张鸿，等. 市场营销学［M］. 第3版. 西安：西安交通大学出版社有限责任公司，2021.

[2] 牛淑珍，王峥，于洁. 复旦卓越金融学系列金融营销学原理与实践［M］. 上海：复旦大学出版社有限公司，2021.

[3] 芮廷先，郭笑梅. 网络经济学［M］. 第2版. 上海：上海财经大学出版社有限公司，2021.

[4] 吴明琴，李然，陈思. 市场营销学与物流经济［M］. 长春：吉林人民出版社，2020.

[5] 韩英，李晨溪. 市场营销学［M］. 郑州：河南科学技术出版社，2020.

[6] 郝正腾. 市场营销［M］. 北京：经济日报出版社，2020.

[7] 张启明，杨龙志. 市场营销学［M］. 北京：机械工业出版社，2020.

[8] 高中玖，毕思勇. 市场营销［M］. 第2版. 北京：北京理工大学出版社，2020.

[9] 柳欣. 市场营销学［M］. 第2版. 北京：中国金融出版社，2020.

[10] 马宝龙，王高编. 认识营销［M］. 北京：机械工业出版社，2020.

[11] 李育冬，张荣佳. 商务经济学［M］. 上海：复旦大学出版社，2020.

[12] 郑锐洪. 营销渠道管理［M］. 第3版. 北京：机械工业出版社，2020.

[13] 华子. 经济的本质［M］. 北京：北京理工大学出版社，2020.

[14] 焦豫. 现代会展经济理论及其商业创新应用研究［M］. 长春：吉林出版集团有限责任公司，2020.

[15] 李涛，高军. 经济管理基础［M］. 北京：机械工业出版社，2020.

[16] 伍应环，刘秀. 市场营销理论与实务［M］. 北京：北京理工大学出版社，2019.

[17] 马春紫. 新时代背景下绿色营销的创新［M］. 长春：吉林人民出版社，2019.

[18] 王明吉，李光辉. 经济管理经典著作导读第3辑［M］. 石家庄：河北人民出版社，2019.

[19] 胡文静，郑彤彤，柳彩莲，等. 新编市场营销学［M］. 武汉：华中科技大学出版

社，2018.

［20］高孟立，吴俊杰. 市场营销学［M］. 西安：西安电子科技大学出版社，2018.

［21］钱大可. 市场营销学［M］. 杭州：浙江大学出版社，2018.

［22］司凯，彭明唱，王文然，等. 市场营销［M］. 西安：西安电子科技大学出版社，
2018.

［23］张青辉. 市场营销实务［M］. 第 2 版. 北京：北京理工大学出版社，2018.

［24］殷博益，许彩国，温春玲，等. 21 世纪经济与管理精品丛书市场营销学［M］. 第 3
版. 南京：东南大学出版社，2018.